ちくま新書

ホモ・エコノミ

間」の思想史

重田園江
Omoda Sonoe

1637

ホモ・エコノミクス――「利己的人間」の思想史【目次】

「富とは、与えるためにつくるものだ」——マルセル・モース『贈与論』第3章2節

はじめに 「社会に出ること」のとまどい

私は大学で、主に三・四年生を対象に講義をし、ゼミを持っている。近ごろは三年生のはじめから、みんなそわそわしている。何にそわそわしているかというと、就職活動だ。就活の早期化・長期化の弊害がくり返し指摘されるが、それを指摘するマスメディアこそがいち早く就活生をかっさらっていくので、本気で反対しているわけではないのだろう。そしてインターンというかつてなかった制度がどこからともなく（というよりアメリカから）輸入されたことで、事態はさらに悪くなっているようだ。学生の中には、一年以上ずっと就活している人もいる。終わったときには燃え尽きて、学業どころでないのは自明である。もちろんこうした状況は行き着くところまで行って矛盾の塊と化しており、すぐにも変えるべきだ。ただし、変わることへの期待は虚しく裏切られつづけている。

ここではそういった就活のあり方の是非論は措（お）いて、そのなかでしばしば学生たちから聞く悩みについて考えてみたい。どこに就職したいのか、どんな仕事をしたいのか、明確に定まっている学生は少ない。たいていは企業や業界の数が多すぎて、そこからどうやって業種を絞ったらいいか分からないという。「じゃあ何か仕事に希望とかあるの」と聞くと、意外な答えが返ってくる。それは「人の役に立つ仕事がしたい」というものだ。

この答えはびっくりするほど多くの学生から返ってくる。最初は「奇特な人がいるもんだ」と思っていたが、途中で考えを改めざるを得なくなった。二〇歳前後の大学生の中に、人の役に立つ仕事をしたいと思っている人がかなりの割合でいるのだ。彼らはやがて悩みつつも社会人になる。その後再会すると、案外スッキリした感じで仕事に励んでいる（もちろんオーバーワークで倒れそうな人や、パワハラに悩む人もいるが）。そして彼らが社会人になったからといって、急に人が変わったとも思えない。人の役に立つ仕事ができているかと聞かれて、何の躊躇(ちゅうちょ)もなくうなずけるかどうかは別として、それでも同僚、上司、そして取引先の人たちと、多くの場合善意に基づいていい仕事をしようと頑張っている。

また、私自身の周りを見渡しても、周囲の人と協調しながら大学や学部を少しでもよくしていこうと思って大学行政や改革に携わっている人は多い。それが大学という特殊な環境であることも関係するかもしれないが、それにしても、「競争的な人格」と呼べるような人は皆無だ。つまり、自己利益のために他者と競合し、できるだけ自分の得になるようにつねに抜け目なく行動するような人は、私が直接知る人にはほぼいないということだ。反面、自分が損害を被っても他者の利益のために行動する、宗教家みたいな人にもお目にかかったことがない。「人のために役に立ちたい」と思う学生たちも、周囲の職員や教員も、いってみれば普通の人々だ。この人たちはおおむね、そしておそらく自然に、互いに協調しながら社会的によき結果をもたらしたいと願い、そのように行動している。

　学生たちが悩んでいるのは、一方でそうした道徳的にも首肯されるいわば慎ましい願いを持っているのに、就活で要求されるのがそれとはかなり異なった価値観に思えるからだろう。たとえばエントリーシートで「盛る」ことをはじめとして、「学生時代に力を入れたこと」をアピールするために、自分を実際以上に大きく見せなければならない。彼らは高く売れる人材でなければならないのだ。企業は利益を出さないと存続できないのだから、「使える」人材を採用したいのは当然だろう。だがここで、学生たちは突如として資本主義の荒波にもまれているような感覚に苛（さいな）まれるのだ。自分の「売り」とはなんだろうか。そもそも自分を売るってどういうことなんだろう。

　彼らはインターンや集団面接でのグループワークやディスカッションでは、人より抜きん出ていることをさりげなく示さなければならない。企業の採用担当者は「ふだんどおり、ありのままを見せてください」と言うのだが、ありのままを見せる人なんていない。だいたいそんなことをしたら、場をわきまえないとして即座に切られるだろう。一方、採用担当者の側でも、虚飾を含んだアピールに候補者の人となりを見きわめられず苦労するようだ。そういう駆け引きや騙し合いみたいな世界がきわまって、人事担当者が採用候補者のSNSの裏アカウントをこっそり調べる業者を雇ったりするらしい。企業にしてみれば学生の本音が見えないということなのだが、就活生にしてみれば、本音なんて出せない状況を作っているのは採用の仕組みそのものでしょう、というわけだ。

人間を競争的環境に置くこと。そしてその競争が金銭的価値によって測られること。そのなかで自分自身が一つの「商品」であるかのように扱われ、自分でも自分を売れる商品としてアピールしなければならないということ。こうしたことが学生たちを戸惑わせ、「人の役に立つ仕事がしたい」という、漠然としているが真っ当な願いとのギャップに苦しむのだ。

このことから分かるのは、世の中にはどうも、大きくいって二つの価値観がせめぎあっているということだ。そしてそれらが調停されないまま、人々にさまざまな選択を強いている。私たちが学校で習い、家庭で小さいころから教育されるのは、「自分のことばかり考えず」「人のためになるような」行動をすること、そして協調性を持って生きていくことだ。もちろんいつもそうできる人はいないだろう。だとしてもそれは少なくともよいことで、社会的に広く承認された道徳であることはたしかだ。

ところが、それとはまったく異なる価値観が、いろいろな場所でちょいちょい顔を出す。それはエゴイストの相貌をしているので、道徳的是認を得ているようには見えない。だが実は、ひそかに強力な人生の指針として参照されているようなのだ。

私たちが経済活動を行うとき、わざわざ自分が損をする取引はしない。そんなことをしても誰にとっても利益にならないというのが、この世界でのお約束だからだ。市場における取引は、何か特別のことらしい。誰もが大手を振って自己利益が第一だと主張できるのだから。ここで行動のモデルになるのは、商品売買である。人々が利己的に自分の儲けだけ考えると、それによって取引がさかんになり、みんなが自分一人では作れないものを手に入れて豊かになる。まさにWin-Winだ。

ここでの人間モデル、つまり自己利益の主体は、市場と仲がよい「競争」という関係様式をともなって、経済の世界にしばしば登場する。学生たちが就活で戸惑ったのは、ビジネスにおいて当然視されている自己利益と競争の行動様式を、経済活動への入口で突然求められている気がしたからだろう。

私はこの自己利益の主体というものに、何ともいえない居心地悪さを感じてきた。いまの学生たちと同じように「人の役に立つ仕事がしたい」と思っていたし、協調性もないのに社会活動家になりたいと願ったりした。そして就活に悩み苦しむ学生たちを見て、自分の若いころとぶつかる問いや違和感はあまり変わっていないと思うようになった。つまり、自己利益の主体であれと突きつけられることの居心地悪さはいまにはじまったことではなく、探ってみる価値のある一つの「問題」なのだ。

こうした経験の中で考えてきたことが、本書のテーマにつながっている。自己利益の主体は当然の存在ではなく、人がしばしば違和感を覚える何かなのだ。そしてまた、多くの人は通常そのような原則に従って生きてはいない。それなのになぜ、人が自分の利益を第一に考えるのは当然だと声高に言われ、そもそもそうでなければ市場は成立しないと主張されるのか。エゴイストが競争するのが市場なら、そんなものはいらないとなぜ言ってはいけないのか。

これは、資源の配分が効率的になされるとか、インセンティヴを引き出して社会を豊かにするとか、市場についてよく言われるメリットの話ではない。そういったものと引き換えにすることが難しい、人間の行為原則、あるいはモラルの問題なのだ。だからみんな就活に悩み、社会に出たら人の役に立ちたいという思いが裏切られるのではないかという予感に恐怖するのだ。

ではこの、まったくもって自明の存在とは言えない自己利益の主体は、どこから出てきたものなのか。そしてどんな役割を、この社会で果たしてきたのか。これが本書のテーマとなる。相異なる価値観や生き方の相克に悩んだことがある人なら、きっと何か感じるところがあるはずだ。ではここから時代をさかのぼって、この問題についての探求をはじめることにしよう。

第一部
富と徳

イタリア北部ブレシアの旧モンテ・ディ・ピエタ（Photo©Stella/PIXTA）

はじめに　金儲けと道徳

本書の主題は「ホモ・エコノミクスの思想史」である。しかしそれを叙述するにはそれなりの準備が必要になる。ホモ・エコノミクスは「合理的経済人」とも呼ばれ、広い意味では「自分の経済的・金銭的な利益や利得を第一に考えて行動する人」を意味している。もっと厳密な意味で使われる場合には、ここに完全に合理的で計算を間違えないとか、自分の好みを熟知していて周囲に流されないとか、そういった条件がつけ加わる。

自分の利益を第一に考えて行動することは、現在ではごく普通だ。スーパーで買い物するときを思い浮かべよう。値段が高めのものと安めのものの間でどちらを買うか判断するとき、私たちは品質や美味しさ、新鮮さ、量など、いくつかの指標をもとに決定を下す。「はじめてのおつかい」の場合を除いて、買いに行く品物は一つではない。予算はだいたい決まっていて、私たちはそのなかで一番いい配分でいろいろなものを適量ずつお得に買おうとする。このとき人は、概ねホモ・エコノミクスとして行動している。

お得を目指すこうした行動様式は、経済行動としてはごく一般的なものだ。だがそれは、近代以前にはそれほど目立った人間像ではなかった。そもそも市場に依存した生活様式をとっていない場所では、取引における最適行動が日常的に必要になることはない。いつもお得を考えて計算している人は、必ずしもありふれてはいないのだ。

今度は少し別の観点から、ホモ・エコノミクスの「近代性」について見てみよう。いまの社会では、金持ちはなぜだか一段高いところに位置している。金持ちは尊敬されたり、そうなりたいと思われたりする。ところがこれもまた、近代以前には一般的な価値観ではなかった。現代でも、金持ちであることは両義的な感情を呼び起こす。庶民から金を巻き上げてうまい商売をやっているんだろうとか、投資で儲けるなんてただの運じゃないかとか、金持ちは嫉妬とやっかみの対象になりうる。しかし、社会道徳として金持ちであることが非難されたり、金儲けそのものが悪い行いであるとして貶(おとし)められたり禁止されているわけではない。

ホモ・エコノミクスとは、言い方を変えると、行動のいちいちに経済的な無駄を省き、できるだけ儲かるように合理的計算に基づいて意思決定する主体である。これは自己利益の主体とも呼ばれるが、ここで金儲けは肯定的に捉えられている。肯定的というか、人間が生きていく上で当然の行為様式とされているということだ。そしてそれに成功した人は尊敬に値する。ホモ・エコノミクスの社会では皆が金持ちを目指し、その企てが成功すると多くの人に評価され羨(うらや)ましがられるのだ。

いまでは当たり前に思われるこの価値観は、実はそれほど古いものではない。しかもそれはかなりの抵抗に遭い、すんなりとは受け入れられなかった。第一部ではホモ・エコノミクスが標準的人間像となる前史にあたる時代の、「金儲けと道徳」の問題を取り上げる。ヨーロッパにおける一七―一八世紀というのは、商業の拡大による新大陸をはじめとする世界各地の珍しい外国製品の登場、また生活必需品の商取引による市場化（主に穀物の広域市場化）が起こりはじめた時代であった。

他方でこの時代に至るまで、ヨーロッパのモラルはキリスト教道徳に従ってきた。そしてこの道徳は、金儲け、とりわけ利子を取ることによって金銭を蓄積し、それを再投資して資本を殖やしていくような生の様式を非常に嫌っていた。ここでは、自己利益を目指して行為するのは、人としてよくない生き方、貪欲に従属する生ということになる。逆に言うと、厳然たる支配を保っていたキリスト教的価値観の中で、金儲けへの道徳的な抵抗感がなくならなければ、資本主義の利潤獲得が世界を席巻する現代に至る道は開けなかったのだ。

†忘却された歴史をたどる

注目すべきことに、ホモ・エコノミクスが受け入れられていく過程は、単なる「金儲けの勝利」ではなかった。むしろそこには積極的な新しい道徳があると主張されたのである。金儲けが道徳というのは変な感じがするが、そこに商業に携わる人たちの新しい生活様式、そして新しい文化が見出された。では、いまでは忘れ去られたこうした歴史をたどることで、何が見えてくるだろうか。

二〇世紀は、もはや金儲けと道徳の関係を真剣に問うことがなくなった時代だった。科学技術やイノベーションと結びついた経済成長は生活の豊かさをもたらし、豊かさは平等と自由を生む。これは戦後の日本ではわりと真面目に信じられていた価値観だろう。悪いのは戦争やそれを生んだ国家の競争的野心であって、平和な経済成長はすべての人を満足させるはずだ。経済的豊かさがあらゆる問題を解決するという考えは、社会主義国を含む多くの国々で第二次大戦後には共有されていた。

だがそこで先送りにされていた問題が一気に噴出する。それが二一世紀だ。成長は資源の食いつぶしであり、世界は増えすぎた人口を止めることができないでいる。ところがその人たちを養うに十分な食料を生産する土地や資源は、世界に残されていない。自然との共存どころか、人間以外の生物や環境は、多くなりすぎた人間たちの生存様式のせいで悲惨な目に遭っている。

富を得ることは人間の生き方、価値観、そして生活スタイルにどのような影響を与えるのか。それは何を掘り崩し、見失わせるのか。それははたして道徳的に許される生き方なのか。資本主義黎明期にあたる一六―一八世紀にこうした問題をめぐって交わされた論争は、いまの時代に再発見されるべき問いかけを含んでいる。そして二〇世紀が置き去りにし、無視してきたものはなんだったのかを、それ以前の時代に人々が何に躊躇したのかを明らかにすることで、示してくれる。

私たちはいま、人間が追い求めてきた富と豊かさ、そしてそれを追求する自己利益の主体＝ホモ・エコノミクスが、根本的に誤った価値観と結びついているのではないかと問いかけねばならないほど追いつめられている。二一世紀に人はホモ・エコノミクスであってはならないのではないか。この意味で一八世紀の富と徳の問いは、二一世紀に再来していると言える。

こうした問題意識の下で、「金持ち」が蔑まれた時代にさかのぼって、富と徳をめぐる思考を見ていくことにしよう。

1 金儲けは近代以前にどう受け止められていたか

†富の追求が蔑まれた時代

人が自分の経済的動機を最優先することは、現代では当たり前になっている。企業が利潤を優先せず倒産したら、愚かで無責任とされるだろう。取引を有利に運んで儲けを得ること、また年収の高い仕事につこうと努力することは、非難されるどころかむしろ奨励されている。私たちはホモ・エコノミクスであることを歓迎するような人間観、道徳観の世界に住んでいるのだ。

最初に断っておくと、「ホモ・エコノミクス」の語は一九世紀以前には使われていなかった。この語の系譜調べは第二部で行うつもりだ。さしあたり、政治経済学黎明期にあたる一八世紀までを扱う第一部では、「個人の利得動機に基づいて経済活動に邁進する人間」といった意味で、広く捉えておく。

すでに述べたように、ホモ・エコノミクスはあらゆる時代に歓迎されたわけではない。というより、ヨーロッパが近代の閾を超えるまで、個人の経済的利益の実現を中心とする経済社会体制は、おそらくどこにも存在していなかった。このことは、マルセル・モースやカール・ポランニーにはじまる経済人類学的な著作群で強調されている。彼らは多様な経済社会を描き出すことで、ヨーロッパ近代というのがいかに特殊な経済システムであるかを示した。近代以前に、個人の経済動機や利潤追求がそれ自体として容認され、称賛された時代はない。その意味で近代とは、ホモ・エコノミクスをあるべき人間像として掲げた、はじめての時代なのだ。

ただしヨーロッパにおいても、こうした人間像とそれに基づく社会は抵抗なしに受け入れられたわけではなかった。それは危険な人間、危険な社会として、長い間警戒され、抑圧されてきたからだ。

近代以前のヨーロッパでは、エゴイズム、とりわけ富や財産に関わる利益を追求するエゴイズムは蔑みの対象であった。古代ギリシアをヨーロッパの起源といえるかは不明だが、アリストテレスが『ニコマコス倫理学』『政治学』で展開した議論は、商業都市アテネに浸透した貨幣経済への批判となっている。アリストテレスにおいては、「家政（オイコノミア）」と「貨殖（クレマティスティケ、ただしこれは本来貨殖を含む家政外からの財の取得全般を意味した）」が区別され、生存のための必要と家の維持を超える貨殖は厳しく批判された。ここに見られる「必要に基づく経済」の発想は、欲望の追求を出発点とするホモ・エコノミクスの経済学とは、発想そのものが異なっている。

ヘレニズム期に盛んになり「ストイック」ということばの元になったストア派も、また時に「快楽主義者」と見なされるエピキュロス派も、質素と節制の生活こそが自律（アウタルキー）をもたらすと考えた。魂への配慮は富と蓄財への配慮とは両立せず、前者がつねに優先されるべきことは、自己への配慮を旨とする古代異教世界においては、学派を超えて共有される前提となっていた。そして、ローマ後を支配したキリスト教もまた富を警戒し、それが歯止めなく追求されないよう、さまざまな禁忌や軽蔑的言辞を与えて清貧の道徳を守ろうとした。キリスト教において重要なのは来世での救済なのだから、その地位を脅かしかねないこの世の富に強い執着を持つのは、危険なことと見なされたのだ。

視点をより広く取ってみても、現世的な富の追求は、宗教上の救済や精神世界における信仰とは、その本性からして相容れない部分がある。他の世界宗教・普遍宗教についていうなら、仏教が「達人宗教」としての性格を強く持ち、欲に満ちた現世を乗り越える「悟り」によって得られる心の平安を目指すことはよく知られている。欲得ずくで偶然に支配されるこの世を超え出たところに、真理と静寂の「涅槃(ねはん)」が待っているという考えは、古代ストア派なども共通する部分がある。

一方、イスラム教の経済活動への態度は複雑である。一般的には、キリスト教の清貧主義や仏教の卓越主義に対して、イスラムは商売を含む現世の営みに寛容であるといわれる。しかし、金儲けが自己目的化すること、蓄財を目的とすることは強く忌避されてきた。そもそも経済活動と富の再分配のあり方は、法(シャリーア)によって定められた規制に従って決められる。イスラム経済はクルアーン(コーラン)で利子(リバー)が明白に禁じられているため、現在でも回避的措置としてのイスラム金融を経なければ、金利を伴う経済活動ができない。

このように、魂の救済や魂への配慮と富の追求が両立しがたいという考えは広く行きわたってきた。カトリックの「七つの大罪」にも「貪欲」が含まれることはよく知られている。虚栄(傲慢)、貪欲、嫉妬、憤怒、色欲、暴食、怠惰のうち、貪欲 avaritia/greed は富に関わる大罪として、厳しい宗教的断罪の対象となってきた。

†フーコーの欲望の扱い

ここで一つ大事な話をしておこう。私はミシェル・フーコー研究者なので、「フーコーの晩年の古代についての著作は何が言いたいのでしょうか」という質問をときどき受ける。そして非常に困惑する。なぜなら、突然古代の話なんかはじめちゃって、何のつもりかよく分からないからだ。もちろんこの問いに一つの正解があるわけではない。だが、ここまで書いてきたこととの関係では、以下のような解釈もできるのではないか。

フーコーは一九八〇年代に入ると、それまでの近代の「統治」に関する研究を中断し、「自己への配慮」へと関心を移した。これは『性の歴史』シリーズの第二巻以降の構想変更と直接リンクしている。一九七六年に『性の歴史Ⅰ　知への意志』を刊行したあと、彼は主に近代の統治と国家を対象とする研究にシフトする。そこから八〇年代に「性の歴史」プロジェクトに戻ったとき、フーコーが取り上げたのは大方の予想に反して、古代ギリシア（『性の歴史Ⅲ　自己への配慮』）とヘレニズム期（『性の歴史Ⅱ　快楽の活用』）における自己への配慮の実践であった。これは近代の生権力批判を取り上げてきたフーコーのそれまでの研究からすると、大きな転換、主題の変化として受け止められた。

だが遠くからこれを見直してみると、「性の歴史」プロジェクトの全体、つまり『知への意志』から、二〇一八年に遺著として刊行された『性の歴史Ⅳ　肉の告白』に至る全体において、フーコーが取り扱っている一貫したテーマが「欲望」だったことが分かる。フーコーはこの研究を通じて、欲望というものを終始とても慎重に扱っている。それは歴史や文化を超えて不変のものではない。欲望を制御し、活用し、反省し、管理する。そのやり方は時代と文化、そして社会階層や人の属性によって多様である。だがどの時代にも、欲望は取扱注意の事柄として、人間の生の中で細密な関心の対象となりつづけてきた。

このことを、フーコーが一九七九年の講義で扱った新自由主義の経済学説における欲望の捉え方と対比すると興味深い。本書の第三部で取り上げるとおり、戦後アメリカの新自由主義的経済学説においては、人の欲望は所与であり、議論の出発点である。人は皆、自己の経済的利益を最大化するために行為すること、つまりホモ・エコノミクスであることが大前提となっている。そして、その仮定に基づいて社会理論が構築される。

経済学においてはしばしば、科学や理論における説明能力を高めるために、現実の人間とは異なる仮構的存在としてホモ・エコノミクスを導入する。そしてその人間像が現実とはかけ離れたものであることを往々にして忘却する。そのこと自体問題なのだが、いくらシンプルな仮説によって理論を構築しやすくするためとはいっても、ここでの欲望の扱いのあまりの素朴さと雑さに、フーコーはドン引きしたのではないだろうか。なんて浅薄で奥行きを欠いた人間理解なのだろうと。
歴史をふり返るなら、人間の欲望は古代以来、異教の伝統でもキリスト教道徳においても、単純な所与と見なされることはなかった。欲望はいつもその制御や自己コントロールに関心が寄せられる、一つの「問題」であった。欲望をどう扱うかは宗教的な精進や信仰と強く結びついてきたし、古代においては倫理的な生き方、また自分自身の魂に配慮することと深い関係にあった。新自由主義の経済学においてまったく顧慮されないこの欲望の複雑さと陰影こそ、フーコーが死の直前まで手を入れた原稿をもとに第四巻が出版された、『性の歴史』シリーズで描こうとしたことだった。

つまりホモ・エコノミクスの人間像は、それが道徳的に見て眉をひそめさせるようなグロテスクな存在であるから疑問視されるだけではないのだ。そもそも欲望のあり方とその制御の方策との複雑な心的・社会的関係を無視して、まるで貪欲や金銭欲は自然な欲望で、それ以上遡ることができない出発点であるかのように考えるのは、かなり奇妙で特殊なものの見方だということだ。この意味で、フーコーによる「欲望の関係学」は、ホモ・エコノミクス批判の一つのあり方として捉えることもできる。

ここまでの話をまとめると、次のようになる。近代以前の多くの社会で、富の追求は禁圧され、あるいは危険とみなされ、注意深く取り囲まれ、野放図にならないように規制されてきた。

それは必ずしも全否定されたわけではないが、宗教的・政治的・社会的な慣習や道徳によって、埋め込まれた embedded 形でのみ容認されていた。カール・ポランニーがいう「社会に埋め込まれた経済」である。古今東西いたるところにこうした富の禁圧が見られたとするなら、ではは何をきっかけに、そこにほころびが生じたのだろう。

†ウェーバーとゾンバルト

マックス・ウェーバーは、禁欲を旨とするプロテスタントの厳格な教義が、意図せざる結果として信徒に無際限の富の蓄積を促したことを、『プロテスタンティズムの倫理と資本主義の精神』(一九〇四―一九〇五年)で描き出した。ウェーバーのテーゼを真面目に受け取るなら、富の追求が宗教的に蔑視されていた中世から、宗教改革をきっかけにキリスト教における富の価値そのものが変化するという、ドラスティックな展開があったことになる。プロテスタンティズムにおいては聖職者が特権的地位を失うことで、宗教的に無価値だったはずの世俗の富は道徳的に価値を高め、ある人が救われていることの「証」となった。

プロテスタントはその出発点から、カトリックの聖職者の特権とその腐敗した行いへの強い不信感を持っていた。そのため聖職者を特別扱いせず、俗人の生の地位を相対的に高めるような教義を発展させた。世俗の職業は決して聖職に比べて救いから隔たっているわけではなく、神の前では人は等しく罪ある存在となる。しかしそうするといったい誰が、あるいはどんな行いが神の御意にかなうのか、信徒たちは分からなくなる。信仰が真剣なものであるほど、そのことがもたらす信徒への影響は甚大だった。自分ははたして救われるのか地獄に落ちるのか、知りたくても知るすべがないのだから。

神の意志を知りえないというこうした「不可知論」に基づく教義によって、救いの確証が得られず不安に苛(さいな)まれた信者たちは、救いの微かなしるしとしてきりなく富を追い求めるようになる。ここに生まれる逆説的で狂信的な富への執着と利潤追求が、『プロ倫』全体を駆動するテーマとなる。

プロテスタンティズムの倒錯的な論理と倫理に基づく「裏口からの」貪欲の導入というウェーバーのこのテーゼは、批判や疑問の対象ともなってきた。たしかに、禁欲が無際限の金儲けにつながるというのは、いくつかの中間項を挟まないと簡単には理解しにくい。そもそも資本主義をもたらした強い心理的要因は、禁欲よりは冒険精神や山師的感性、そして吝嗇(りんしょく)や商売人の貪欲ではないのか。ウェーバーとゾンバルトの対立に代表されるこうした論争については、冒険精神や貪欲を強調したゾンバルトの主張に二一世紀のいまだからこそ注目する必要があるだろう。しかし他方で、ウェーバーの問題提起の中にも鋭い知見が含まれている。そこで禁欲と金儲けというこのテーマについては、ベンジャミン・フランクリンに言及する際に、改めて取り上げることにする。

†『金持ちの誕生』

ここではもっと単純で王道のラインとして、富の追求自体がキリスト教世界の中で肯定されていく、そのプロセスはどのようなものだったかをざっと見ておきたい。

学校で世界史を学んだことがある人なら、宗教改革のきっかけがカトリック教会の腐敗への告発であり、その中に教会や修道院の蓄財と聖職者の虚飾に関する非難が数多く含まれていたことは知っているはずだ。そもそもルターによる贖宥状（免罪符）の告発は、「金で罪をあがなえる」というとんでもない話に対する怒りによるものだ。カトリック教会がその権勢を誇るための建造物に巨費を投じ、贖宥状で得られた金銭をそれに充てることは、まじめな信仰者にとっては本末転倒で瀆神的な行いだった。したがって、プロテスタンティズムにとって金儲けや金銭ずくへの忌避感は、ローマカトリック批判の経緯からして本質的なものだ。

だが、キリスト教と富や財産との関係は、歴史的にはかなり複雑である。聖書には清貧を讃える箇所が多く、とりわけ新約聖書でキリストのことばとして記されたものには、こうした価値観が強く表れている。一方で、とくに旧約聖書には、富を神の祝福のしるしと見なすような記述も多い。経済的に豊かであることは、高貴であること、身分が高いことと結びついて理解された。実際貴族や有力者はみな金持ちである。そのため逆に、なぜ貧しさが存在するのかが問われ、貧困を意味づけようとする試みもさかんに行われた。

キリスト教にも仏教にもイスラム教にも、貧者への施し、宗教共同体への寄付といった「喜捨」を尊ぶ教えがある。その意味では、貧者は富者にとって、施しによって自らの信心深さを示すための機会を与えてくれる存在だといえる。貧者がいなければ、富者は自分の信仰を示す機会を失ってしまう。こうした考えはとても傲慢にも見えるが、貧しさが神的なもの、神聖な何か、現世的な価値を超えたものに触れるための回路であるとの考えは、宗派を問わず広く見られる。つまり、貧者と富者は、宗教的な価値観の下で互いに参照しあいながら、社会的意味を相互に与えつづけたということになる。

中世研究者の宮松浩憲は『金持ちの誕生』という著書で、西方キリスト教世界の一〇〇〇年にわたる「金持ち」観の変遷を描いている。ここでは、そもそも金持ちをどう定義するか自体が問題になる。宮松は、身分ではなく財産（とくに動産）によって、特定の人々が金持ち集団、金持ち階級として認知されることで、はじめて金持ちが誕生すると捉えている。どうやら、金を持っていること自体が人の属性・特性としてそれだけで取り出されることは、中世盛期以前にはなかったようだ。たしかに商売人は金を扱う職業身分の一つではあったが、「金持ち」という身分や職業はなかった。

金という汚いものに触れる商人・商業という営みは長らく蔑視されていたが、これが一一世紀ごろには変化しはじめる。それは、ラテン語起源でカトリックにおいて蔑まれたdivesということばに代わって、中世盛期以降多くのヨーロッパ語がゲルマン起源のrikiの派生語（richなど）を用いるようになった点にも表れているという。そして、一二－一三世紀には、俗世を捨てて僧となることのないまま聖人に列せられる「金持ち」が出現する。

†『嘘と貪欲』の近世史

その後の商業復権プロセスは、大黒俊二『嘘と貪欲』において、スコラ学の文献、托鉢修道士の説教、商人自身の書き残した文書を中心に考察されている。

同書では、まず商業的なものの位置づけにキリスト教会が示した逡巡が示されている。利子の徴収（徴利）が「悪」として聖書に示されているとしても、では一切の徴利を認めない社会は可能だろうか。また、消費貸借（購買のための借金）における利子が聖書で禁じられているとしても、投資貸借（たとえば航海者への投資とそれへの対価の契約）はどうなのだろうか。神によって人間に等しく与えられた「時間」を売買することの禁止は、投資によって発生した損害（投資した船舶の難破などによる被害）に賠償を求めることをも禁ずるのだろうか。また、貨幣は増えも減りもしない「石」なのか、成長する（アリストテレス流にいうと、可能態が時間の中で現実態となる）「種子」なのか、どちらなのだろう。

大黒は一九五〇年代に「発見」されたオリーヴィ Petrus Joannis Olivi（Peire Johan-Oliu, 1248-1298）の『契約論』を「一三世紀の「資本論」」（54ページ）と呼んでいる。そして同書の検討を中心に、この時代にスコラ学者たちの間で、徴利の禁止という一般論には収まらない、商売の現実を反映した貨幣と利子についての論争がなされていたことが示される。そのなかで、公正価格論の発展と一三世紀の「清貧論争」が取り上げられる。当時は（いまもそうなのだろうが）そもそもどこまでが清貧なのか、どこからが余剰・贅沢なのかは、敬虔なキリスト教道徳の実践者にとっても自明ではなかった。だが、それが改めて問題になること自体、おそらく時代の変化、利子や金儲けがキリスト教言説の中で具体的・実践的な関心を生むような、新しい感受性の胎動を示している。

次に大黒は、修道士たちが実際の「説教」において参照したマニュアルやメモ（説教史料）を読み解き、民衆相手に神と信仰を語る人々が、貪欲や清貧をどう説明したかを明らかにしている。ここは社会史的な史料の探索と読解のあり方としてとても興味深いところなので、ぜひ同書に当たってみてほしい。さまざまな史料の検討を経て、大黒は「一五世紀イタリアの生んだ稀代の説教師」（138ページ）ベルナルディーノ・ダ・シエナに着目する。ベルナルディーノにおいては、よき商業と悪しき商業が区別されている。「必要」（自身と家族を養うこと）と

ジョット「小鳥に説教するアッシジのフランチェスコ」
（清貧の修道士の代表）

「憐憫」（貧者への喜捨）のための商業はよきものであり、「利益ヲ主タル目的トスルモノ」だけが悪しき商業である。つまりここでは、よき商業のために明確に場所が割り当てられている。

読者の中には、托鉢修道士という清貧の代表のようにイメージしがちな存在が、「よき」商業を語ることに違和感を覚える人もいるかもしれない。だが彼らは、自らが語りかける対象である市井の人々を前にして、単に商業や金儲けを批判して済ますことはできなかった。托鉢修道士の説教を聞きに集まる人々の中には、商人や売買に携わる人が数多く含まれており、こうした人々の生を無下に否定することになるからだ。商売を一括りに拒絶できない現実の中で修道士たちが見出した解決が、「よき商売」と「悪しき商売」を分けることだった。

そしてまた、一五世紀は「モンテ・ディ・ピエタ」と呼ばれる公的な金貸し（質屋）が設立された時代でもあった。モンテの活動をきっかけとして、教会（公会議）はとうとう一六世紀はじめには、正当な利子 interest が徴利とは異なることを公に認めることとなった。おもしろいのはこのモンテという組織が、ユダヤ人の高利に対する批判から生まれたことである。つまり、利子の否定がある種の消費貸借（利子つきの貸付）を公認する組織を生んだわけだ。

歴史的経緯は以下のとおりだ。一三世紀末以降、徴利禁止令の徹底によって姿を消したキリスト教徒の金貸しに代わって、「ユダヤ人の金貸し」が現れる。ユダヤ人たちは異教徒であったため、金貸し業務に携わらせる目的でわざわざ他の土地から連れて来られたのだ。だがよく知られているとおり、彼らはのちに血も涙もない強欲の権化としてヨーロッパ中で憎悪の対象となる。よく考えると勝手な話なのだが（これについてはグレーバーが『負債論』で指摘している）、ともかく「ユダヤの高利貸し」という悪名高い私的金融に対抗するために、一五世紀イタリアに低利の公的金融が生まれたというわけだ。

各地の教会は貧民の生活を守るため、モンテ設立を積極的に呼びかけ、財源は市民からの募金を充てた。しかし注意すべきは、この制度が金持ちの喜捨や既存の貧民救済とは原理的に異なる点だ。というのも、モンテが行ったのは貸付であって寄付や贈与ではなかった。つまりモンテからの借金は返済を義務づけられており、しかも相応の「正当な」利子を要求するものだったのだ。もちろん、借入れが本当に貧民の必要に基づくもので単なる濫費でないかは、貸金の際の重要な考慮事項だった。だが一方で、借入れ人には担保の差し入れが義務づけられ、期日が来ても返済がなければ担保は質流れとなり、競売にかけられた。モンテの融資は私的金融における貸付と同じ枠組みで行われたのだ。

『嘘と貪欲』は最後に、商人たち自身が商業をどのように正当化していったかを考察している。そのなかで一つの焦点となったのが「為替」であった。為替が利益を生むことはよく知られており、中世から近世にかけて、しばしば徴利の隠れ蓑の役割を果たしていた。だが、そのことが明るみに出ても必ずしも宗教的に断罪されたわけではなく、むしろなぜ為替が利益を生むのか、その仕組みに関心が向くようになった。

それと同時に、商人という存在への価値づけも、一五世紀以降変化していく。商人とはキリスト教にとって忌むべき金儲けに邁進する強欲な人々ではなく、むしろ社会の必要に応えるために有益な働きをする存在であるといった言説が、商人階級自身から出てくる。そして、商人、とりわけ大商人について、彼らの商売を高貴なものと見なすような商業・商人論も現れる。こうして、商人の社会的な地位を上昇させ、その活動の必要性を積極的に意味づけようとする試みが見られるようになっていく。これが「近代前夜」のイタリアからヨーロッパ全土に伝播しつつあった、金持ちをめぐる状況である。

†富とモラルをめぐる論争

このように、商業活動や金儲け、そして利子によって財産を殖やすことは、ヨーロッパ世界の都市化や交易による富の獲得が進むことで、だんだんと容認せざるをえないものとなってきた。だがそれでも、さまざまな職業や活動がある中で、かつては貪欲の業と蔑まれた商業行為が否定されなくなることと、それが他の活動に比べて優れている、あるいは評価すべき道徳的価値を持つと主張することの間には、依然としてかなりの隔たりがある。キリスト教道徳やイエスの清貧の教え、現世的職業を聖職者よりも下に見る価値観の中で、はじめはひっそりとその存在を許され認められるにすぎなかった商業と商人は、時代が下るにつれてそれにとどまらない地位を要求するようになっていく。

一八世紀の終わりに、シエイエスが『第三身分とは何か』（一七八九年）で「第三身分（ブルジョア）こそがネイションである」「貴族はゲルマンの森に帰れ」と宣言するようになるまでには、数世紀にわたって商業活動についての激しい言論バトルがつづいた。それはたとえば貿易の自由や穀物取引の自由をめぐる論争でもあったけれど、そこに付随していたのは、商人的な徳は存在するか、そしてそれを社会が容認できるかについての、徳とモラルをめぐる論争でもあった。「富と徳」「徳富論争」として知られるこの論争で、何が問題となり、どのような言説がヘゲモニーを握ったのかを、これから見ていくことにする。この論争の中でホモ・エコノミクスの原型が形づくられ、商業活動に固有のモラルが大きく注目されるようになったからだ。

2 なぜ人は貧乏人を責めるのか

†「嘆きのピエタ」

「富と徳」と聞いて、ああ、あの古代近代論争からスピンオフしたあれね、などと思う人はほぼいないだろう。このテーマはヨーロッパ政治思想史研究の中ではよく知られたものだが、そんな物好きな学問に携わる人以外には、なんの話かさっぱり、のはずだ。そうなると、この論争は一八世紀という遠い時代の異国の話として受け止められかねない。キリスト教文化もない日本で、三〇〇年も前の地球の裏側の話を聞いてどうする、と思われては困る。というのは、ここで論争されたのはもっと普遍的で、現代人でも心情として理解できるような、ある道徳性、モラルをめぐる事柄だからだ。

　このことを理解してもらうために、私たちが見過ごしがちだがしばしば抱く心理に触れておきたい。「嘆きのピエタ」という映画がある。韓国のキム・ギドク監督（二〇二〇年に新型コロナウィルス感染症により死去）による二〇一二年の映画だが、日本ではそれほど観られていないだろう。

　この映画の主人公は高利貸しだ。というより、高利貸しの手先として金を取り立てる一匹狼のヤクザものである。この人は、一カ月で元金の十倍を返さなければならないという、カウカウファイナンスもびっくりのぼったくり金融屋である。当然顧客は貧困者で、ソウルにわずかに残されたかつての町工場、暗渠（あんきょ）となった清渓川近くのスラムで、金物、板金などの零細工場（といっても働くのは本人だけかせいぜい夫婦）を営む人々だ。

　ギドク監督は大がかりなセットを使わないので、よくこんなのが残っていたと思わせる街並みを探し出してロケで撮影している。街ごと捨てられたかのような雰囲気は、つげ義春の「大場電気鍍金工業所」の絶望感に似ている。現代の日本にはなかなか見出すことができない風情で、映画「アカルイミライ」で藤竜也がオダギリジョーを手伝わせる電気製品リサイクル屋よりも、狭くて暗くてどうにもならない町工場と言えば分かるだろうか。

変なたとえばかりで話が進まないが、とにかくこの取り立て屋が恐ろしく怖い。返せるはずのない半ば自暴自棄の人々相手に金を貸し、返せないとその工場の機械を使って手っ取り早く障害者にしてしまう。そして保険金の受取人として貸金を回収するというわけだ。無茶苦茶な話だが、見るからに弱者である借り手たちが、血も涙もない取り立て屋に自分の食いぶちである工場の機械に挟まれて泣き叫ぶ姿は耐えがたい。その場面に顔をしかめながら私の心によぎったのは、しかし借り手の方にも何か落ち度があったのではないか、ということだ。彼らは無計画でだらしなく、計算能力に欠け、いまの暮らしにだらだらと順応して抜け出そうとしない、そういう人たちなのではないか。映画にはそれを思わせる描写は一切ない。ではなぜ私はこんなことを考えたのか。

無情な借金取りが、めちゃくちゃな金利ではじめから返せるはずのない借金を取り立てにやってくる。なけなしの金を出して涙ながらにそれだけしか返せないという債務者に、暴力的で屈辱的なやり方で一生の傷を負わせ、保険金を分捕る。こんなひどいことを、ただ黙って見ているなんて耐えられない。そこで私の心に防衛機制が働いて、「される側にも何か悪いところがあるに違いない」と思いはじめたわけだ。

つまり私は、貧困者、そして持てる者にこき使われ一生を油に塗れた工場で終える人々、また「五〇年ここで耐えたが何も残らなかった」とつぶやいてビルから飛び降りる虐げられた者たちが、理不尽にひどい目に遭うことに耐えられなかったのだ。そこで自分の心を守ろうとして、「きっとこの人たちは怠け者に違いない」「騙して逃げおおせようとしてうまくいかなかっただけではないか」などと、道徳的非難のネタを探しはじめたのだ。

†公正世界仮説

こうした心理機制は意外に一般的ではないだろうか。たまたま知ったのだが、心理学では「公正世界仮説」と呼ばれているらしい。一九六〇年代にメルヴィン・ラーナーによって提唱されたもので、心理実験を通じて広くその存在が知られているようだ。ラーナーは、ホロコーストにおける心理を研究するために「服従」に焦点を当てたミルグラムから影響を受けている(「ミルグラム実験」あるいは「アイヒマン実験」で有名な人)。公正世界仮説は、人種差別や性差別、宗教原理主義者の信念、被迫害者への帰責など、多くの「無慈悲」といえる心理に共通するものとして高い説明能力を持っている。

窮地に立たされた人、一方的な暴力の犠牲者に対して、きっとその人にも何か落ち度があったはずだと考えることで自分を安心させる。これはたとえば、レイプ被害者への叱責などにも見られる心の動きだ。被害者にも隙があり、相手を勘違いさせる要素があったに違いない、などなど。そう思うことで、私たちが加害者にも思いをはせ、想像力を巡らせて加害者をも慮っているなどと考えるのは図々しい話だ。単に自分の心をかき乱されたくないだけなのだ。世の中因果応報で、ひどい目に遭うのはきっと被害者も悪いのだと言い聞かせて、理不尽な暴力から目を逸らす。その底には、理不尽さが想起させる無秩序への怖れ、この世に意味などないことへの不安、そして死という本来的な混沌への恐怖が横たわっているのだろう。

とりわけ、経済的な強者と弱者の間に生じる暴力的関係については、弱者である貧困者を道徳的に責めると同時に、強者である金持ちを正当化する機制が働く。いくら暴利でもその約束で金を借りた方も悪い。労働条件の悪い職場で疲弊するなら、もっと条件のいいところに移ればいい。若いころから向上心がなかったから、その日暮らしのままなのだ。非正規だって自分で選んだ道じゃないか。四〇歳すぎて老後の不安なんて言い出すなら、もっと早くまともな仕事につけばよかったんだ。職場のパワハラもセクハラも、される側にも問題があるにちがいない。でなきゃなぜその人がターゲットに選ばれたのか説明がつかないじゃないか。それに嫌なら転職すればいいのだ。有能なら転職できるはずだ。ホームレスだってそこから抜け出そうとしないんだから、自業自得の自己責任だ。

どうやらこうした言い分を挙げていくとエンドレスになりそうだ。そのくらいいまの世の中は経済的な弱者や貧困者、仕事上不利な立場に置かれている人たちを貶め、現状を当然の自己責任であると語り、納得しようとする言説で溢れている。そしてこれは、資本主義黎明期に怠惰で向上心のない「悪い貧民」と、清貧で勤勉な「よい貧民」に分割線を引こうとした際に用いられた道徳とさほど変わっていない。貧困から抜け出せないのは悪い貧民なのだ。清貧の対義語が何か知らないが、落ち度がある、汚れた、穢らわしく愚かな貧民というイメージは強烈だ。

そして、こうした道徳的非難の裏側には、このように生きるべきという規範となる人間像、資本主義における成功者にふさわしいモラルと行動様式に従う人間像がある。私たちが理由なく虐げられる人たちに被害の責任を押しつけようとするとき、それと同時に加害者は道徳的に救済される。金持ちになることは、市場のルールの下で競争に勝ち抜くことができるという意味で、正しい人間、正しい生き方なのである。

人の行いの評価には、あらゆる場面で道徳的な尺度が用いられる。それはあまりに深く私たちの生に浸透しているため見えにくいが、人の行為はつねに道徳的観点から判定され、理由なき被害者までもが断罪される。ホモ・エコノミクスはこうした普遍的な心理を前提として、エゴイスティックで金儲けしか考えない人間を道徳的に「善き者」に見せるための仕掛けとして発明され、役立ってきたといえる。

この意味で、経済的な富と人間の徳性は両立するのか、どうしたら両者を調停できるのかを問うた一八世紀の論争は、遠い過去の話ではない。金持ちであること、金持ちになろうとすることを肯定するか否かは、その裏側に貧者への道徳的評価を伴って、いまも重要な社会的争点でありつづけているのだ（なお「富と徳」の論争については、重田『フーコーの風向き』第5・6章でも別の観点から取り上げた）。

3 マンデヴィルとハチスン

†スコットランド啓蒙

「富と徳」の対立という問題設定を考える上で、出発点となる人物としてまず思い浮かぶのは、ハチスン Francis Hutcheson（1694-1746）である。ハチスンは現在の北アイルランド・アルスターの長老派牧師の家に生まれ、スコットランドに渡ってグラスゴー大学で学んだ。しばらくダブリンに住んだ後、グラスゴー大学道徳哲学教授の地位を得た。アダム・スミスのグラスゴー大学時代の師匠にあたる。ハチスンは非常に敬虔なキリスト教徒であったらしく、イギリスの経済的繁栄によって富の価値が台頭してくることに脅威を感じていた。

ハチスン以降、一八世紀のスコットランドで開花した哲学は「スコットランド啓蒙」と呼ばれる。イングランドとの同君連合（一六〇三年）から合同法によるグレートブリテン王国への合邦（一七〇七年）の歴史の中で、スコットランドは「進んだ」イングランドに併合される立場であった。ではなぜその「遅れた」スコットランドで、当時最先端の学問といえるスコットランド啓蒙思想が盛んになったのか。一説には、スコットランド人の危機意識の高まりが、人間本性や道徳といった普遍的な事柄と、役に立つ学問の探求に関心を向けさせたからだとされる。この思想潮流は、イギリス流の経験主義（ホッブズ、ロック以来のイギリス的思考で、「大陸合理主義」としばしば対比される）に基づいていたため、現実に即した実用的な学問や技芸の発展にもつながった。

また、ブリテン諸島には「古き大学 Ancient University」と呼ばれる七つの大学がある。そのうち四校はスコットランドにあり（エディンバラ、グラスゴー、アバディーン、セント＝アンドリューズ）、イングランドはオックスフォードとケンブリッジの二校だけである（もう一校はアイルランドのダブリン大学）。また、ハチスンより一世紀以上前に生まれたホッブズも嘆いていたことだが、オックスブリッジは国教会の影響下にあり、長い間古めかしいスコラ的学問に支配されていたようである。これに対してスコットランドの大学は、自由で先進的な学問の気風があったとされる。

スコットランドはフランスとのつながりが深かったなど、他にもいろいろと理由があるのだろうが、ともかくハチスンは、富と徳という流行の最先端の問題に頭を悩ませた。その直接のきっかけとなったのは、当時話題になっていたセンセーショナルな著書『蜂の寓話』（一七一四年）であった。著者のマンデヴィル Bernard Mandeville（1670-1733）は、オランダのロッテルダムに生まれイギリスに移住した医師で、『蜂の寓話』によって最もよく知られている。

†『蜂の寓話』をどう読むか

マンデヴィルの『蜂の寓話』はいくつかの論考を集めた長い本だが、最も有名なのは「緒言」につづく「ブンブン唸る蜂の巣――悪者が正直者になる話」という詩（初出一七〇五年）である。

この詩は簡単にいうと、人々の利己的な欲望の追求（私悪）が全体の利益（公益）になることをうたっている。しかもこの私益追求の描写がかなりエグいもので、贋金作りやヤブ医者、悪徳弁護士、不信心な聖職者、卑怯な兵士、詐欺を働く大臣、パッチもんを高額で売る商売人など、ひどいやつらが山のように出てくる。そしてご丁寧にも、こうした悪徳が一掃された町ではいま風にいうと経済が回らなくなり、蜂すなわち人がいなくなってしまうというその顚末（てんまつ）まで描いている。つまり私欲という悪徳こそが社会を豊かにし、欺瞞や奢侈（しゃし）や虚栄は国の繁栄に不可欠の養分だというのである。このマンデヴィルの主張は論争を巻き起こし、信心深い道徳家や宗教家からの非難の声が止まなかった。

　マンデヴィルの真意について、その解釈次第では、これはホモ・エコノミクスが支配するその後の社会を暗示し、強烈に皮肉っているようにも読める。彼が言ったのは、宗教的敬虔、道徳性、勇気、潔癖さ、正義といった徳が支配する社会と、経済的に豊かで活気ある社会とは両立できないということだった。両方を追い求めるとはそれこそ欲が深すぎる。清廉だが活気のない国と、活力はあるが悪徳まみれの国と、いずれを選ぶべきかはこの詩の中では明言されていない。しかし、類い稀な教養人で、人間本性を注意深く観察したマンデヴィルにとって、人間が清廉さを選ぶなど考えられないことだった。だからせめて、自分たちが悪徳によって社会的な恩恵を受けていることを、人は正面から認めるべきなのだ。

　ハチスンはダブリン時代に書いた「蜂の寓話評」（一七二六年）において、このマンデヴィルの主張に直接反論を試みている。ハチスンは概念をやたらと分類して書くので、煩雑になって途中で何を言っているのか分からなくなりやすい思想家だ。ここでの議論も例によってごちゃごちゃしているが、マンデヴィルが人間の欲求や情念をすべて悪徳であると決めつけ、勤勉も詐欺も真面目な商売もぼったくりも一緒くたにしてしまったことに怒っている。人の欲求には徳と両立するものもあるのだ。ハチスンにとっては、信仰の世界に生きる人間はキリスト教徒としての徳を涵養できるので、放縦は抑制され悪徳に陥ることはない。そして、信仰心に支えられて節度ある欲求に従うまともな商売によって、人々が徳を保ちながらも繁栄する国家像が展望される。

このように言うと、ハチスンは「富」派のように見えるかもしれない。しかし彼は、徳と両立する富のあり方を模索し、商業の世界に外部から宗教的・道徳的限定を付そうと試みている。そのため、富と商業の世界に固有の何か積極的な役割を果たす道徳を、それ自体の内側から描くという発想はない。富の世界は、あくまでキリスト教的な節制や勤労、そしてそれが過度になることで奢侈へと向かわない範囲で容認されていたのである。その意味でハチスンは「徳」派に属する思想家だった。

†「ほどほど」と「やりすぎ」

ハチスンとマンデヴィルをホモ・エコノミクスの思想史の中で見る場合、どちらをどのように評価すべきだろうか。ハチスンはさすが「コモンセンス（常識・良識）学派」だけあって、常識の落としどころをよく知っていてホッとする。過度に自己利益を追求したり、欲求の実現に夢中になりすぎてはいけない。かといって、ほどほどに行われる商業活動や勤労までも否定する必要はない。それは逆に、無為怠惰や貧しさ、みすぼらしさを受け入れることになってしまう。商業とインダストリーが開花しかけていたこの時代、思想家も宗教家も勤勉や勤労は大好きだった。したがって、節度ある生き方こそ大切で、その範囲でなら商売も労働も生活を豊かにし必要を満たしてくれる、肯定すべき事柄なのである。

これに対しては、以下のように応えておこう。ではその節度っていうのはどこで線引きできるものなのか。敬虔なキリスト教徒の信仰生活も質素をよしとする仏教的生活も、いまではごく一部の「奇人」か頑張ってるミニマリストでもないかぎり、とても真似はできない。このようにすっかり俗化された世界である現代では、節度の基準となるものは何なのか、とても心許ない。そして、「ルールを守って行われる市場競争は何ら責められるべきではない」という意味での節度なら、そのルールっていうのはどこまでを網羅しているのか、と問わずにはいられないと。

たとえば私が、多国籍タネ企業モンサント社の遺伝子組換え大豆と、セット販売の除草剤「ラウンドアップ」を買って、大豆をたくさん作って世界の食料供給の一翼を担うとする。そして遺伝子組換えを拒否している中小農家と競うとする。そこでの競争の何にどこまで、市場のフェアなルールが適用されていると言えるのか。なぜこんな突拍子もない例を出すかというと、最近「モンサントの不自然なたべもの」や「タネは誰のもの？」といったドキュメンタリー映画を観て、モンサント社の悪業に震え上がったからだ。

ラウンドアップを「生分解性で環境に優しい」とボトルに書いたのはモンサントなのだから、私には責任がないのだろうか。モンサントはこの文言が虚偽広告だとして訴えられて敗訴したし、ラウンドアップの発がん性や土壌汚染が疑われて多くの訴訟が起こされている。だが私自身はそんなことは知らなかったし、節度を保って市場のルールに従ってきた。それならオッケーなのだろうか。ではいったい、節度を保って道徳を踏み外さない経済活動というのはどんな活動を指すのか。資本主義が、最近までトレンドだったグローバル化によって人々を結びつけ、意図せざる影響を乱発しつづける「リスク社会」状況の下では、商業活動に「ほどほど」と「やりすぎ」の線引きをすることはとても難しい。この意味で、ハチスンはやはり今ではちょっと時代遅れのコモンセンス派なのだ。

では、マンデヴィルはどうだろう。彼は人々が物やサービスを交換することで成り立つ商業社会は悪徳だらけだという。欲望を肯定することで活力を得る社会は、悪徳を許容することで生まれるエネルギーに活気づけられ、経済が回る社会である。そのことを認めず、活気ある商業社会と徳や節度や正義が両立するなどと図々しくも主張するなど、厚顔無恥もいいところだ。目を逸らさず現実を見て、富と徳の両方を選べないことを認めるべきだ。そして経済的に豊かな社会が何を犠牲に成り立っているかを直視しなければならない。

マンデヴィルには独特の厭世主義や諦観があり、それを皮肉な文体で包んで強烈なやり方で読者に差し出す。そのため多くの敵を作ったが、それは必ずしも彼の嫌味ったらしい書き方のせいだけとは思えない。道徳を信じ、社会の善の可能性を信じてマンデヴィルに反発した人たちは、自分もその一部をなす世の現実、やがてやってくる商業社会のグロテスクな実態をあからさまに指摘されたのが、不愉快なだけなのかもしれないのだ。

マンデヴィルは、ホモ・エコノミクスの帰趨がまだ十分明らかになっていない社会で、商業の活発化と物欲が支配する社会の予兆だけから、それがもたらすおぞましい帰結に勘づいていたともいえる。富と徳の論争は、その後ハチスンからヒューム、スミスへと継承されていく中で大きく転回する。だがそれがはじまった時点ですでに、一見すると富と欲望を肯定し、市場の見えざる手の働きを称賛しているように見えるマンデヴィルによって、シニカルで寓話的なやり方でその末路を描き出されていたのではないだろうか。

マンデヴィルはハイエクのような市場主義者に、「自生的秩序」をはじめて明瞭かつ鮮烈に示した人として評価されてきた。彼らはもう一度「ブンブン唸る蜂の巣」の詩を読んでみるといい。はたしてマンデヴィルは、魑魅魍魎が跋扈する地獄のような市場の世界を描きながら、頭の中では輝く富が支配するすばらしい未来を想像していたなどと言えるだろうか。

4　徳の擁護はどのようになされたか

†田園生活の理想

ここまでの話では、富の獲得は貪欲という「罪 sin」と結びついているため要注意だということになる。かといって富や財産を全否定することは難しく、商業が盛んになり商人が権勢を誇るようになるにつれ、その存在は無視できないものとなっていく。ここでは富と徳との対立は、キリスト教的価値観の中での清貧の役割と深く関わっている。

だが、ヨーロッパ近世において富の獲得が個人や社会の徳性にとって危険なものだという論拠は、キリスト教道徳以外にもあった。これについては、ジョン・ポーコックの『マキァヴェリアン・モーメント』(一九七五年)という著作以来有名になった、シヴィック・ヒューマニズムと共和主義の言説が関係している。

「シヴィック・ヒューマニズム」という日本語に訳すことが難しいことばは、政治思想史研究に関係ない人には聞き慣れないだろう。そのうえ共和主義というのはとてもややこしい。よく「共和国の定義ってなんですか」と学生に聞かれて困惑する。世界には共和国のイメージからかけ離れた国に「共和国」と付いている例がたくさんあるし、共和制は民主制や君主制とどういう関係にあるのか分かりにくいからだ。そして予想されるとおり、これらの概念をめぐる歴史家たちの論争はとても混み入っている。そこでここではざっくりと、富、とりわけ当時「奢侈」といわれた「ぜいたく」「無駄遣い」を批判した、二つの立場を取り上げておこう。

この二つはつねに絡み合って出てくるのだが、無理やり分けるとすると、一つは土地の均等所有と財産のある程度の平等を基本とする、農本主義的な共和制の擁護である。政治体のメンバーが平等な経済条件によって支えられることを目的に土地の均等分割を行い、それによって成立する共同社会を、古代ローマを模範とする共和政体へと結びつける。典型的には、『オシアナ』(一六五六年)を書いたハリントン James Harrington (1611-1677) に見られる考え方だが、『社会契約論』(一七六二年)第三部以降のルソーにも共通する部分が多い。

ハリントンは最近高校の教科書にも登場するほどメジャーになっているようだが、昔は聞いたこともない思想家だった。イギリスのピューリタン革命前後の時期に活躍した人物で、共和主義を称賛する『オシアナ』(オシアナは理想国家としてのイングランドを指す)で著名となったために、王政復古後に逮捕されてしまった。その後釈放されるが、激動の時代を生きその渦中で翻弄された人物で、いま流行の「ロトクラシー(くじ引き民主主義)」の提唱者でもある。

ハリントンは『オシアナ』で、古代ローマの歴史家リウィウスのことばとして「最近、豊かな富が貪欲さを持ちこみ、酒色の快楽をはびこらせ、欲望と奢侈によってあらゆるよき秩序を枯渇させ破壊するような欲求を招来してきた」と書いている。そしてこの「毒」への解毒剤が、土地均分法であるという（『オシアナ』90ページ）。ここには、都市に対する田園の優位、自給自足が可能な土地保有＝農業中心の経済体制、こうした経済的基盤によって存立可能になる民兵、つまり自分で武器を調達して祖国の危機に際して戦うことができる自立した戦士たち、といった理想が見られる。ふだんは土地を耕し、危急の際には祖国のために戦う市民＝公民による共同体は、祖国への愛に満ちており強い団結力を発揮する。

これは、古代ギリシアのスパルタ、そして共和制ローマ、一〇〇〇年の歴史を持つヴェネチア共和国などについて言い伝えられてきた、すでに伝説と化した美点を合わせたような共同体である。そこでは、奢侈がもたらす財産の不平等、いま風に言えば「格差」は嫌われた。不平等は自立的な市民＝公民の平等を毀損（きそん）し、社会秩序を乱し、市民兵士によって維持される愛に満ちた祖国の強さと永続性を失わせるからだ。

近代政治学のバイブルの一つである『社会契約論』を書いたルソーが、しかもその『社会契約論』の中で、ハリントンのようなヘンテコな思想に似たことを言っているとは驚きだ。だがルソーはこの本で、ある種の貴族制を最善の政体として高く評価し、立法権と執行権の制度設計とバランスについて、古代ローマを例に吟味している。

『社会契約論』の流布しているイメージに反して、一般意志の絶対的な神聖さのみで政治が立ち行くなどとルソーは考えていなかった。いかにして強く長持ちする国家を作るかに頭を悩ませた彼は、祖国愛と政治参加への意欲が失われない国家制度を模索した。『エミール』や『ヌーヴェル・エロイーズ』で描かれた自然と調和した田園の理想は、『社会契約論』の後半部分と不思議な呼応をなしている。土地均分法による平等な財産、農本主義的生活、そして祖国愛あふれる民兵によって守られる国家。こうしたイメージはハリントンとルソーに共通しており、彼らはともに奢侈と商業を危険なものと見なす「徳」の擁護者だった。

†戦士の徳

富に対して徳を強力に擁護したもう一つの言説は、ハリントンの農本主義よりもっとヘンテコな思想である。というより、徳の政治学というのが現在ではあまりに遠くに行ってしまって、悲しいことにまったくリアリティを持てないので、こうした主張がみなヘンテコに見えてしまうのだ。

そのもう一つというのは、古き良き時代の貴族を礼賛する「戦士の徳」の言説である。古代ローマ共和制に範をとるハリントンが「ローマ主義者（ロマニスト）」であるとするなら、こちらはゲルマンの森から馬に乗ってやってきた征服者を重んじる「ゲルマン主義者（ゲルマニスト)」ということになる。ゲルマンの森にかつて実在した共和制の再現というわけだ。こちらはルソーのような著名人も関係していないので知名度が低いが、フランスではオトマン『フランコガリア』(一五七三年)からブーランヴィリエ『フランスの国家』(一七二七—一七二八年)に至る「貴族の徳」の系譜を指す。イングランドではたとえばコークの「古来の国制」論が、国王の集権化に対抗するジェントリ・貴族層に支持されたという意味では、フランスの反中央集権派の「戦士の徳」論と似た役割を果たしていた。

ブーランヴィリエに戻ると、この人はずいぶん旧い名門の貴族出身であった。だがフランスの絶対王政化は苛烈で、地方の貴族たちの自立を脅かし土地を没収し収入を絶って、彼らを宮廷に仕える公務員貴族へと変質させた。それに抗う貴族はみじめな没落を受け入れるしかなかった。こうしたなか、きらびやかな宮廷の虚飾と奢侈を批判し、「ゲルマンの森から馬に乗ってやってきた金髪のフランク族」の末裔としてのアイデンティティを訴えたのがブーランヴィリエであった。貴族とは本来、虚栄と奢侈によって身を滅ぼすか、王に媚を売って下僕となるかを選ぶ愚か者ではなかった。自由で自立した武勇の徳を持つ領土の支配者であるはずだったのだ。奢侈は武勇にとってこの上なく危険である。それは徳と勇気を失わせ、濫費から逃れられなくなった貴族を破滅させる。

ここには、富、奢侈、宮廷の虚飾、そして従属と破滅への誘惑が一体となり、古きよき征服者の伝統を蝕んでいくという構図がある。フランスでは一一―一二世紀にはじまり一七世紀に完成を見た武人貴族の宮廷化の過程で、彼らは田園と武勇から引き離され、後戻りできない状態で都市のストレスフルな社会関係に放り込まれた。それによって、古き武勇の田園生活は貴族にとっての憧憬の的としていわば神話化し、ロマン主義的な悲哀を帯びる。これはノルベルト・エリアスが『宮廷社会』(一九六九年)で指摘したことでもある。

子どもを相次いで亡くし跡継ぎがおらず、深い教養を持ちながら極度の貧窮に苦しんだスピノザ主義者ブーランヴィリエの生涯を想起するとき、この誇り高き貴族が、近代が訪れる以前の近代批判者、つまりロマン主義の先駆者だったことも理解できる。

ハリントンにとってもブーランヴィリエにとっても、富と奢侈、そして金銭ずくの生活は自立を脅かす恐ろしいものであった。それは田園生活の安定と秩序の永続性、そして土地に結びついた自立を阻む。つまり、徳は奢侈とは両立しない。それどころか奢侈は徳を蝕み、虚飾によって貴族をそそのかしてアイデンティティを失わせ、宮廷の道化に変える恐ろしい媚薬なのである。

†「ぜいたくは敵」なのか

結果としてみると、現在では戦士の徳を標準的な道徳として擁護する人はほぼいないだろう。

戦闘ゲームやSFファンタジー、あるいは「武士道」や戦国物が好きな人にとっては、勇敢な戦士の徳は憧れかもしれない。だとしても、その徳を現代の一般大衆に求める人はいないだろう。そもそも軍人でもハリウッドスターでもないのに、戦士の徳で何に立ち向かったらいいというのか。現代のドン・キホーテって感じで、妙なことになってしまう。それに農業で身を立てるのがかっこいいという価値観も、すっかり訴求力を失っている。都市が完全に独り勝ちしたからだ。

ということで、「富」派が勝利したことはいまでは明らかなのだが、ではこの論争で実際に何が争われ、どのような主張や論拠が出てきたかは重要である。奢侈論争は、賤(いや)しむべき職業であった商人・商売という営みの地位を、大きく向上させるきっかけとなったからだ。

奢侈は英語でluxury、フランス語ではluxeである。これがよくないイメージで語られるようになったのがいつごろか正確には分からないが、アウグスティヌスはローマ滅亡の原因を奢侈による腐敗に求めている。「パンとサーカス」として特徴づけられたローマの頽廃(たいはい)についてのこうした見方によると、奢侈は大帝国を内側から蝕む宿痾(しゅくあ)であった。一四世紀ごろからは、ヨーロッパ各地で「奢侈条例（贅沢禁止法）sumptuary law/lois somptionaire」あるいは「奢侈禁止令」がさかんに出されるようになった。いま見るととても奇妙なこの種の規制が下火になる一八世紀まで、身分と時と場所による仔細な服装規定を中心としてくり返し出されたこうした法令は、社会史の格好のテーマとなっている。ちなみに、漢語の「奢侈」は「おごる」という意味の畳語的表現で、贅沢にふけるよくないことを意味している。

いずれにせよ奢侈は、浪費やよくない贅沢であり、道徳の頽廃や国家滅亡と結びついて理解されてきた。ところが現代では、luxury は必ずしもよくない響きを持ってはいない。いや、むしろうらやまれる価値になっている。身近なところでいうなら、「どうぶつの森 ポケットキャンプ」（通称ポケ森）で「ゴージャスな家具」は、なかなかに高価だが素敵なアイテムだ。ゴージャスはラグジュアリーの言い換えのようなもので、目が笑わない「たぬきち」とその一族が経営するまめつぶ商店にローン地獄に陥れられるこの資本主義的なゲームでは、奢侈は少しも悪いことではない。というより、「どうぶつの森」シリーズは物を売ったり株を買ったり、また自然資源を乱獲しての金儲けを日課とする恐ろしい世界だ。話が逸れたが、とにかく現代では贅沢は悪いことではないし、ラグジュアリーな物を手に入れられるのは金持ちで、金持ちの贅沢は吝嗇よりよっぽど素晴らしいということになっている。

奢侈禁止令は、はじめは服装規定による身分制の維持や風紀の紊(みだ)れの宗教的な取締りという意味が強かった。だが時代が下ると、「奢侈は国の豊かさに資するか否か」という、貿易や商業の自由と規制についての議論と結びつくようになってくる。そして商業の時代の到来という文脈の中で、やがて奢侈批判を無意味にするような考え方が出てくる。新しいタイプの言説というのは、それ以前の議論に正面から反論するというよりは、古い主張そのものを無効にする役割を果たす。つまり、新しい時代にはふさわしい物の見方があり、それを名指すことによって、かつて意義深かった主張が鼻で笑われるようなものに成り下がってしまうのだ。

ここからは、奢侈を問題視する見解そのものを時代遅れにしたこうした新しい論じ方を、ハチスンの後継者であるヒュームやスミスを輩出したスコットランド啓蒙思想を中心に見ていくことにする。

5 ヒュームと共感の道徳論

†新たな道徳を生み出す言語

「富」派／「徳」派と言ってしまうと、思想家たちが分かりやすくいずれかの肩を持ったように聞こえるかもしれない。実際には、富を擁護して徳を一切否定するとなると、マンデヴィルが多方面から非難されたことからも分かるように、富の擁護自体が賛同を得にくくなる。かといって、商業と貿易が発展しつつあった一八世紀に清貧の徳や古代の武勇に肩入れしても、現実の物質的豊かさへの趨勢(すうせい)を無視することはできなかった。

富と徳の論争もこうした状況を考慮に入れて理解すべきなのだが、ヒュームとスミスは何層にも重ねられた徳と有用性との関連づけをとおして、次の時代の新たな道徳を生み出す言語を創出した。二人のモラル像を合わせてみると、商業社会の道徳を擁護する初期の議論が明確になる。そこから後年にさまざまなテーマが分岐して、それら一つ一つはシンプルになっていくのだが、ヒュームとスミスの時点では人間像は複雑で重層的なものとして描かれている。それをある方向に単純化したのが功利主義的な人間モデルであり、さらにそのモデルを抽象化・単純化することで、限界革命の時代にホモ・エコノミクスが経済学の中心的な場所に据えられることになる。

ヒュームは一七一一年、スコットランド・エディンバラ近郊に生まれた。スコットランド貴族のヒューム家につながりがあるとされる。だが二歳で父親を亡くし、裕福でなかったために法曹の道を選ぼうとするものの、どうしても興味が持てず哲学に向かった。彼の哲学的な主著は三巻本の『人間本性論』(一七三九―一七四〇年)だが、これはヒュームが二七歳から二八歳のときに出版された。信じがたい早熟である。しかし当人の自信に反して、満を持して出したつもりの著書への反応は芳しくなく、ヒュームはこれに激しく落胆した。それ以降文体と書き方を変えてしまう。そして、エッセイ風の短いワンテーマの論考を積み重ねて、さまざまな問題を取り上げながら時代の問いに答えていくというスタイルを見出す。具体例も歴史的・時事的なものから取られるようになり、手軽で読みやすそうだ。

ただ、よく考えてみるとそうでもない。『人間本性論』のヒュームは精巧な論理で議論全体を構築していくため、その明晰な文章を忍耐強く順番に読み進めれば論旨はたどれる。これに対して『エッセイ』のヒュームは、歴史的事例を念頭に置く一方で、目下の党派対立や時局を踏まえた書き方をする。そのうえ取り上げる話題ごとにアングルを変えて物事を論じるので、あるエッセイと別のエッセイとの関係も分かりにくく、全体像を矛盾なく捉えることが難しい。『人間本性論』で読者に要求された強い知性と論理への耐久力に代えて、歴史的知識と教養の両方が必要とされるのだ。そうなると大きな問題は、私たちがヒュームとは隔たった時代に生きていることによって、読者に期待される知識も教養もそれを得るためのハードルが高いという点だ。

何を言っているかというと、まずはこれから書くヒューム理解はその一面しか捉えていないかもしれないけれど、そこは承知してね、ということだ。ヒュームについて言えるのは、スコットランドが輩出した最高のオリジナリティを持った知性ということだろう。ヒュームを読むと、その溢れる才能からこぼれ出たしずくの輝きを手がかりに、彼が生きた商業と産業の幕開けの時代における道徳の問題を語ってみたくなるのだ。どこまで彼の脳内に近づけているかはおぼつかないとしても。

†利益と共感

ヒュームの哲学は精巧に組み立てられているので、いくら話を端折っても少し混み入ってくる。まず、徳と悪徳はヒュームにとって次のようなものである。「ぱっと見ただけで快楽pleasureを与えてくれる心の性質はすべて「有徳」と呼ばれる。逆に苦痛painを生み出すものは「悪徳」と呼ばれる」(『人間本性論』第3巻第3部第1節)。さらに、快をもたらすものは有益usefulものと同義とされ、徳と悪徳は有用性usefulnessの程度によって判断される。有用性は別の箇所では効用utility、有利さadvantage、利益interestとも言い換えられる。

しかし、自分にとっての主観的快苦だけにとどまっていたのでは、もっと広い社会的な意味での徳や悪徳に至ることはできない。ここでヒュームは、共感sympathyという人間の心の働きに訴える。ヒュームにとって、主観的なはずの快苦が道徳や社会のルールになるのは、共感能力の働きによるのだ。人の性質や行為を見て不快に思ったり快を得たりするのは、もし自分がその行為の対象であったり利害関係者であったら、と想像して他者に共感するからだ。それによって行為者の性質が有徳／悪徳と判定され、その判断が道徳やルールの源泉となる。

この部分についてもう少し考えてみよう。ヒュームにとって道徳的判断は、人や人の性質の表明としての行為そのものというより、その人のそばにいる人、行為の対象となる人に焦点を当てている。「もし自分がその立場だったら」と考える際、ヒュームは最初から二者以上の関係、他者関係の中にいる存在、しかも行為者ではなく行為によって影響を受ける側を想定している。

これは一つには、ヒュームにとって道徳性が行為の受け手、主体の行いによって影響を受ける側にフォーカスして捉えられるという、社会秩序の公正という観点からは当然の前提に依拠していることによる。そしてまた、社会の外にいる孤立した人には徳も悪徳もなく、社会関係の外側にそれ自体として立派な行いも下衆(げす)な人格もないと考えていたことによる。何かをする人よりされる人の方が、迷惑を被ったり被害者になりやすい。そのため、行為の受け手の立場に自分の身を置いたとき、相手の特定の言動に快を見出すか不快と感じるかが徳の判断基準となるのである。

ここまでをまとめると、ヒュームにおいて、徳は快楽や効用そして利益と結びつけられている。利益の意味がここでどのような広がりを持つかは検討すべき事柄だが、少なくともそれは自分の身を養う財産という意味での物質的富を含んでいる。つまり、キリスト教道徳では貪欲に関係する物質的な財が、ここでは徳の基準になり代わっているのである。利益そのものが徳ではないが、利益の感覚を与えてくれる人が有徳なのだから、結局徳は利益によって基礎づけられていることになる。これは富と徳の議論の中での巨大な転換であった。徳とは利益の源泉を指すのだ。

さらに、ホモ・エコノミクスとの関係では次の点が重要である。ヒュームにとって共感は「類似」によって生じる。同じ地域に住む人、また同国民が互いに似ているのは主に共感の働きによる。感情は伝播し、近くにいる人は似たような考えを持つ。そもそも人と人とは感情面で似ているので伝播が簡単に起こるというのが、ヒュームの道徳哲学の出発点となっている。そのため人は共感の作用を通じて、他者の感情をまるで自分のことにように体感することができる（『人間本性論』第2巻第1部第11節）。つまり感情は人から人へと容易に移るのだ。これはまるで一本の弦の動きが他の弦に伝わるようなものである（第3巻第3部第1節）。

人と人はよく似ており、共感によってすばやい伝播が生じる。そして徳という社会的な価値は、快楽や効用を与えてくれる源泉に他ならない。容易に他者の感情を追体験できる似たような人々が、共感に基づいて他者の行為や人間性を判定することで道徳が成り立つ。これはのちに経済学のモデルとなるホモ・エコノミクスの原型ともいえる人間理解である。人は似たような存在で、他者も同じような欲求を持ち判断を行うと想定して行動することで、同種の欲望を別々の対象にふり向ける人々の間で、市場価格が成立するからだ。

†なぜ社会に秩序がもたらされるのか

こうしたヒュームの共感理解に対して、二〇世紀の政治哲学者であるジョン・ロールズは『哲学史講義』（二〇〇〇年）で次のような異議を唱えている。そもそも共感というのは、はたして他者の気持ちを追体験することなのだろうか。たとえば病気で苦しんでいる人を前にして、その人に共感するとは同じように苦しみを感じることだろうか。そうではなく、同じように痛み苦しむことができないからこそ、その人を助けようとしたり手を差し伸べたりするのではないか。たとえ苦しむ人を前にして自ら苦しむとしても、両者の苦しみは同じものではなく、弦の響きのような共鳴でもない。他者と自分とに越えられない違いがあるからこそ、他者の苦しみに寄り添い、なんとか手助けしようとする別の人格が存在しうるのだ。この点は最近注目されている、sympathy と empathy の違いにも関係する（ブレイディみかこ『他者の靴を履く』を参照）。

徳の基準を利益に見出し、共感を自他の壁を越えることと捉えるヒュームは、似たような人間たちの立場交換によって社会のルールを基礎づけた。それは似たような経済主体が数多く出てきて、交換によって期せずして秩序を生成する、ホモ・エコノミクスによる市場像の原型をなしていると言ってよいだろう。

ただし、ヒュームのこうした自己の乗り越え、他者とのモラルの共有プロセスには、先ほど挙げた立場の置き換えに基づく他者との感情的な響き合いのまだ先がある。それが観察者の視点からの第三者性の導入で、この発想はスミスに受け継がれる。スミスにおいて「公平な観察者」は、自己の感情を外部から判定する一種の客観的なジャッジの地位を与えられる。だがそれが共感という人称的かつ「類似」に基づく感情に発することは、ある限界を有しているように思われる。カント主義者ロールズは、どうしてもそこを譲れなかったと考えられる。

ヒュームはまた、「効用が正義を作る」とも言っている（『人間本性論』第3巻第2部第2節）。これはある人にとって快楽（効用）を与えてくれる事柄が何かが分かれば、それが寄り集まって社会的ルールができるという不思議な話である。この不思議な話が成り立つためには、自己利益と全体利益の協調的な増大を求める人々が、試行錯誤を経て「コンヴェンション」という暗黙のルールに従うようになるという、ヒューム独特の社会正義の生成論が必要になる。ヒュームはこのことを、ボートを漕ぐ人々が自己利益に従うだけで、明示的な取り決めなしに共通の目的を達成する（同じ向きにボートを漕ぐ）という有名な例で説明している（詳しくは、重田『社会契約論』第2章を参照）。

秩序についてのこの説明は、ホッブズのバラバラの自然状態からの一気呵成の社会契約という説明と同じくらい重要で、同じくらい独創性に満ちたものである。ヒュームのこうした秩序理解を可能にしているのが共感の作用であることを考えるなら、「似たような存在であるがゆえに他者の考えや行為を想像できる人々」という前提条件があってはじめて、ヒュームにおける道徳と秩序が成り立つことが分かる。

ただし、ヒュームのこの議論がどの程度ホモ・エコノミクスの市場像と似ているかを示すのは、見かけほど簡単ではない。コンヴェンションは自己利益のための協調行動によって生まれるが、市場に協調行動が存在するかどうかは明確ではない。一方で、コンヴェンションにおける協調行動は、非意図的なものと捉えられる。少なくとも明示的な申し合わせや第三者による強制や調停なしに調和が生まれるという意味では、両者には共通する「自生性」という特徴があると言える。

6 社交と洗練と文明と

†商業は武勇に優る

ヒュームという思想家はとても複雑な主張をする人で、とりわけその傾向が『エッセイ（道徳・政治・文学論集）』（第一版は一七四一年刊。以後収録エッセイが拡充され、死後の一七七七年まで新版がつづく）以降強まっていく。

そのなかに、これまで書いてきた、効用や利益といった用語で徳の問題を語るという『人間本性論』以来の議論とは毛色が異なる、商業社会の道徳についての別系統の議論が存在している。これを紹介するのは、商業の時代の新しい道徳の多面性を理解することが重要だからである。そしてまた、この多面性がその後どのように分岐して、ホモ・エコノミクスの抽象化・単純化された人間像を生むかについて考えることが、本書のこのあとの課題の一つとなるからだ。以上を前置きとして、ヒュームのこのラインの議論を、主に「商業について」と「技芸の洗練について」の二つのエッセイを取り上げて検討することにしよう。

「商業について Of commerce」は、一七五二年版の『エッセイ』にはじめて収録された。ここでヒュームは「国の偉大さと人民の幸福の関係」という、伝統的な統治論によく出てくる主題を取り上げる。しかし彼が想定している社会は商業社会であって、それまでの統治論で取り上げられてきた伝統的農村社会とは異なる。ヒュームは、商業の発展は個人と国家の両方に豊かさと幸福をもたらすことを強調する。ヒュームによると、軍事力を優先する国家は商業を活性化させることが難しい。その最たる例が古代スパルタである。

彼にとってスパルタはいつも反面教師で、利益やインダストリーに関心を持たず、人間の自然に反した法によって支配された自由のない国である。スパルタは国民の能力をもっぱら軍事力のみにふり向け、この厳格な共同体では富の追求の余地はなかった。農民は余計に作物を作ったとしても販売先がないので、定められた以上に働く意欲を持たず、生産性も上がらない。

現代でいうインセンティヴの欠如である。これはまるで冷戦期に社会主義国に対してなされた批判のようだ。ここでヒュームは明白な形で、武勇の徳を称賛する古代社会よりも、人々の自己利益に訴える近代商業社会の方が、国家にとっても人民にとってもすばらしいという近代礼賛の主張を行う。武勇の徳は商業の豊かさに劣るのだ。

†「洗練」がほどほどに豊かで平和な社会を生み出す

つづく「技芸の洗練について Of refinement in the arts」(一七五二―一七五八年版では「奢侈について Of luxury」)はこれを踏まえて、冒頭から奢侈の話題を取り上げている。まずヒュームは、奢侈を含めた人間のさまざまな行動様式について、それが徳であるか悪徳であるかは程度の問題であると主張する。これはスミスにも見られる「ほどほど」に平和で豊かな社会道徳の立場で、ハチスンをはじめとするスコットランド啓蒙思想の価値観を踏襲している。ヒュームがほどほどの奢侈を擁護する際に、最初に持ち出すのは「洗練 refinement」である。社会において洗練の度合いが上がると、政治や学術における立派な人物と産業における熟練工が同時に生まれる。そうした時代精神は共感の原理を通じて国中に広まり、さまざまな技芸 art と学術が発展する。また多くの人が無気力から目覚めて活発になると、物質的・精神的快楽を求める度合いも強まり、それによって人々は「社交的 social」になる。

人々は都市に集まり、知識を得て会話することを楽しむ。機知や礼儀作法breeding、会話や生活の趣味のよさ、おしゃれな衣服やセンスのいい家具を人に見せたがる。賢い人は好奇心に引き寄せられ、愚か者は虚栄に群がる。また快楽は両者を魅了する。(「技芸の洗練について」*Political Essays*, p. 107,『道徳・政治・文学論集』223ページ)

ヒュームは、こうした洗練と礼儀作法の世界が人間の情念を穏やかなものにするという。そして、それによって人が柔弱になり他国の侵略に耐えられなくなるという批判に対しては、荒々しい怒りよりも制御された名誉心、武勇という名の野蛮さよりも規律や熟練を伴った軍隊の方がよほど強いと反論する。つまり洗練は、人々の情念を鎮めて穏和で冷静な存在にすることで、「ほどほど」の平和な社会を生み出すのだ。

これは、モンテスキューの「商業平和論」、つまり商業の進展は諸国家の覇権争いや軍事的膨張ではなく、貿易による相互利益を目的とした国際平和をもたらすという議論の反響でもある。他国より有利になりたいという対抗心と攻撃欲に駆られる「貿易の嫉妬」を超えて、商業を通じた平和を求めるのは現代の自由貿易論の理念(というか建前)にもつながるものだ。

こうした見方については、植民地をめぐる戦争が熾烈をきわめた時代に、商業と戦争を対立的に捉えることのイデオロギー性を指摘したくなる。実際には一八世紀にあって、戦争は商業の尖兵であり、逆もまたしかりであった。だからこそ商業平和論は両者の結びつきを断ち切ろうと奮闘したと、好意的に読むこともできるかもしれない。だが結果としてこの言説は、戦争と商業に共通する根底的な欲望（征服－支配－利益による共謀）を見えにくくすることに役立ってしまったように思われる。

他方でヒュームは、奢侈の対象が拡大することの弊害として、腐敗や金銭ずくの蔓延を心配するのも杞憂にすぎないとする。たとえるなら、大量生産された白物家電を買っていた人たちが、個性的な家具調家電に消費をシフトさせた（＝趣味が洗練された）からといって、彼らの腐敗や人間性の毀損が進むわけではないということだ。洗練によって生まれる「ほどほど」には、乱暴で粗野な情念の発露を押しとどめるとともに、過度の奢侈による頽廃を防ぐ効果もあるからだ。

ヒュームは全体として、貴族の生活様式に疑いの目を向けている。それは一方で、武家貴族の粗野な武勇を評価せず、これをブルジョア的洗練に置き換えようとするところに表れている。だが他方で、貴族的消費に見られる濫費、土地や財産を食い潰すほどの蕩尽、貴族の特権としての極度の奢侈にも批判的であった。ブルジョアは、身分上の特権によって貴族に染みついたプライドを持たないため、贅沢もほどほどである。商売人はどんなときもカネ勘定を忘れないのだ。ヒュームは身分や特権と切り離されたほどほどの消費が、人々の情念の発散と同時に、平和で友好的な社会秩序の生成に役立つと考えていた。

つまりヒュームは、奢侈、洗練、礼儀作法、会話などの用語を駆使して、商業社会の豊かな社交性と趣味の世界を描いたのだ。これは当時フランスで盛んだった、消費と欲望の経済学のスコットランド版とも言える（欲望の経済学については本書第二部で取り上げる）。それはまるで、消費文化が人々の心と暮らしを全体として豊かにするという、最近まで主流だった価値観の先取りのようだ。もっとも現在でも、消費文化の爛熟に何の疑問も抱いていない人も多いかもしれない。感染症と環境問題への対応が待ったなしの現在では、かなり時代遅れの価値様式だと思うのだが。

7　ミニチュア化される宮廷

†宮廷社会の作法

第5節で取り上げた、利己心がコンヴェンションを発見させることで生まれる正義の規則という社会の最低限のルールに対して、第6節で取り上げた洗練の道徳はおしゃれで豊かに見える。これは商業社会の新しい道徳の積極的な一面である。だが、洗練の徳は商業社会のブルジョアの間に突然生まれたわけではない。それは中世後半から長い時間をかけて作られてきた、宮廷の作法の俗化されたミニチュアとして理解できるのだ。

武勇の徳のロマン主義的解釈のところで名前を挙げたエリアスは、『宮廷社会』の中で、王侯貴族による複雑な作法と威信の世界を克明に描いている。その世界では、国王の住まいとしての宮廷、貴族たちの邸宅や宮殿の建築学的構造、そしてこうした住まいの中で人間たちが織り成す関係が、主従関係と社交の世界を形成する。それは貴族や王に対して、地位や威信を示すための消費、つまり奢侈を強要するような社会である。ここでは奢侈の対象も重要で、優れた芸術や趣味のよい物を見分ける審美眼が要求される。

衣装、芸術作品、音楽の趣味、家具や調度品などの小道具を配置した屋敷においてくり広げられるのが、礼儀作法にかなった儀礼的な付き合いである。作法によって階層秩序が確認され、上の者は下の者をえこひいきしたり冷遇したりする。宮廷物のドラマにあるとおりの世界だ。ここで礼儀作法は、社会的ルールと現状での位階を確認する手段となっている。こうした社会関係の中にいるため、見た目や立ち居ふるまいから邸宅の優雅さに至るまで、宮廷という舞台に上がる人々は外面ばかりを気にしている。

さらに宮廷では、奢侈の主役として注目されるのはしばしば女性である。一八世紀のサロンの主人がなぜいつも女性なのか不思議に思った人もいるだろう。彼女たちは宮廷において、審美的な世界を牽引する重大な役割を担っていたのだ。美しい衣装を身にまとい、洗練された室内装飾や食器や料理で客をもてなす。サロンの集まりではお気に入りの音楽家に演奏させ、売り出し中の文人を招き、いち早く仕入れた外国の情報を交えた会話で人々を夢中にさせる。一六―一八世紀のサロン文化の展開は、赤木昭三・赤木富美子『サロンの思想史』に、代表的サロンの紹介を通じて示されている。

このように、「女性的」な奢侈の世界を開花させた宮廷はまた、閉鎖空間でもあった。それは場所として閉じていたということでもあるが、他の空間との区別によって成り立っていた。身分と位階の違いを作法や小道具やことばや建築様式を通じて表現する世界には、貴族と貴族以外との身分差の確認と誇示が必要だったのだ。きらびやかな晩餐会や舞踏会そしてサロンでの知的な会話として特徴づけられるこの世界は、フランスでは革命によって血と汗と暴力と断頭台の結末を見る。贅沢の誇示がいかに人々の呪詛(じゅそ)を強めていたかが想像される。では、この世界は城や物語や美術作品にその名残をとどめるだけですっかり消え去ったのかというと、そうではなかった。先ほど述べたように、ブルジョア道徳が宮廷のミニチュアとして、その趣味を小さくありふれた形で再現したからだ。

†見せびらかしの消費

このことを指摘したのは、ウェーバーの批判者としてすでに名前を挙げたゾンバルトだ。ゾンバルトは『恋愛と贅沢と資本主義』(一九一二年)という、タイトルだけで興味をかきたてられる本の中で、資本主義をもたらした起爆剤として贅沢(奢侈 Luxus)に注目している。ブルジョアや成金は大邸宅や舞踏会、晩餐会や祝祭行事、そして狩りなどの貴族的な趣味の世界には手が届かない。生まれも育ちも王侯貴族とは異なるからだ。そのかわり彼らは、貴族の奢侈を持ち運びできるサイズにし、屋内の小さな贅沢に変えることで自らの手が届くものにした。それによって、位階や権勢という大規模で手の込んだ階層秩序の再現ではなく、すぐ手に入る「モノ」の所有と誇示を通じて、俗化されミニチュア化された宮廷の再現を行ったのだ。

ここでも重要なのは女性の役割である。彼女たちは着飾るための衣装、髪飾り、帽子やバッグだけでなく、調度品や家財道具など、ありとあらゆる場面に消費の対象を見出す。

ゾンバルトはさらに、そこに恋愛を絡ませる。着飾った美しい女性を連れていることは、男性にとって勲章であり、妻のみならず愛人や妾を囲うことは、自らの威信を高めてくれる。そこに売春婦など「性を売る」職業の女性たちが絡んでくると、これは現代でもそう変わらない「パパ活」の風景となる。金持ちの中年男や、ときには老年男に、ブランド物のバッグを買ってもらい、高級ホテルでの食事に付き合う。IT長者かなんとか実業家か、そういう肩書きの金持ちが、キラキラした女性と奢侈にふけっても何ら不思議ではない。「トロフィーワイフ」という身の毛もよだつことばが象徴するように、彼らにとって女性はステータスの分かりやすいしるしなのだ。

話がどこか遠くに行ってしまったと思われるかもしれない。だが、ここにヒュームからのつながりがあることは理解できるはずだ。ヒュームは奢侈を新しい社会関係と道徳の源泉として捉えようとした。洗練と気の利いた会話、そして趣味のよさと礼儀作法によって特徴づけられるこうした新しい道徳は、一面では宮廷社会の虚飾と作法と儀礼の重視にその根を持っている。当時ヒュームは『エッセイ』と『イングランド史』(一七五四―一七六一年)で名高く、フランスの啓蒙思想家たちにも人気があった。フランス滞在を重ねてある程度ことばも習得していたヒュームは、啓蒙文人を集めた貴婦人のサロンでは、つねにファンに囲まれていたという。ウィットに富んだ会話、決して限界を踏み外さない機知、それでいて過激な思索にふけるかと思えば、古典への深い造詣を示して皆を魅了した。

これに対してルソーは社交が苦手で、サロンでも気の利いたことが言えずに苦労したらしい。ルソーは自然と田園を愛し、都会と社交の偽善を嫌っていた。だからそういう場でうまくふるまい、洗練の道徳を推奨し利己心が正義を作るなどと唱えるヒュームのことが大嫌いになったのも当然である。武家貴族の牙を抜き去って宮廷で懐柔する王権の社交が、奢侈という回路を経由してヒュームに新たな道徳のアイデアを提供した。宮廷の作法とヒュームの道徳は、荒々しい武勇や貴族の自立的田園生活と対立したという意味では共通している。田舎と素朴な自然を愛したルソーが、商業と奢侈に対抗する農本主義的世界を擁護したのも当たり前のことだった。

ヒュームの洗練はまた、それが極端な形をとるとゾンバルトの世界に至る。会話とマナーの社交界は、実質を欠いた他者との微妙な差異を記号化する形でしか成立しない。コルセットで女性の腰がどんどん締め上げられたり、奇妙なカツラが正装になったり、ファッションにおける差異の「戯れ」はとどまるところを知らない。このことが、奢侈に向けた欲求の無限亢進(こうしん)へと道を開く。『恋愛と贅沢と資本主義』やヴェブレンの『有閑階級の理論』(一八九九年)で描かれた見せびらかしの消費は、資本主義を鼓舞する価値観の一つとして、今も巷(ちまた)を徘徊しつづけるリアルな亡霊の一つなのである。

8　名刺の字体で頭をカチ割る

†名刺合戦

「差異の記号化」という表現がピンとこない人のために、映画「アメリカン・サイコ」を引いておこう。クリスチャン・ベールの怪演の印象が強すぎる作品だが、なかでも有名なのが名刺競争のくだりだろう。

このシーンは、ポール・アレンがブライスに名刺を渡すところではじまる。

ブライス：金曜はどうだ。
ポール：無理だよ。ドルシアに八時半で予約してる。
ブライス：すごい。
ポール：ウニのセヴィーチェだよ。
ブライス：〔小声でパトリックとヴァンパタンに〕ドルシアを金曜に予約？　どうやったんだ？

パトリック：でまかせだろ。

ここで主人公のパトリックが名刺入れを取り出す。

ブライス：コカインか。
パトリック：いや、新しい名刺だよ。どうだ。
ブライス、ヴァンパタン：いいな。すごくいい。見ろよ。
パトリック：昨日印刷屋で受け取ったんだ。
ヴァンパタン：色がいい。
パトリック：ボーン〔黄味がかった白、「骨色」〕だよ。文字はシリアン・レイルって字体だ。
ヴァンパタン：クールだ。でもなんてことないな。これを見ろ。〔自分の名刺を取り出す〕
ブライス：これはいいな。
ヴァンパタン：ロマリアンタイプ〔字体〕のエッグシェル〔弱い緑みの黄、「卵の殻色」〕だ。
どうだ。
パトリック：いいね。
ヴァンパタン：やった、うれしい。

ブライス：お前みたいなバカがどうやったらそんなセンスよくなれる？

パトリック：〔心の声〕信じられない、あのブライスが、ヴァンパタンの名刺の方が俺のよりいいと思ってる。

ブライス：待て。まだ俺のを見せてないぞ。ほら。文字が浮き出るタイプだ。ペール・ニンバス〔字体〕だよ。

パトリック：これはすごい。でも、ポール・アレンが置いてった名刺も見てみよう。

ブライスがゆっくりポール・アレンからもらった名刺を取り出す。

パトリック：〔心の声〕あの微妙なオフホワイトを見ろ。厚みもあっていい趣味だ。なんてことだ！ 透かしまで入ってる。

この会話シーンほどバカバカしいものにはなかなかお目にかかれないだろう。パトリックは投資銀行の「副社長Vice President」なのだが、お父さんが社長なので仕事は適当で、朝から顔パックや筋トレ、オーガニック基礎化粧品での肌の手入れ、完璧な服装選びに余念がない。出勤すると秘書にパンツスーツを穿くなと軽くセクハラし、昼はどこのレストランで食事するかしか頭にない。ガールフレンドも見た目や家柄でしか選ばない。その彼女のしゃべることは全部あまりに空っぽで、パトリックは聞いてもいない。予約の取れないレストランを予約できることと名刺の紙の質に激しい嫉妬を覚え、それが理由でポール・アレンを斧で惨殺してしまう。

外から見ると何がどう羨ましいのか全然分からない理由で殺すほど人を憎む様子は、まさに「差異の記号化」を思わせる。ウォール街の投資銀行副社長という、これ自体何かの記号を思

Patrich Bateman

Garamond Classico

David Van Patten

Bodoni

Timothy Bryce

Helvetica

PAUL ALLEN

Copperplate Gothic

「アメリカン・サイコ」の名刺書体

わせる職業。アッパーウェストサイドの住まいには生活の匂いがまったく感じられない。ヴァレンチノのスーツにストライプのシャツ、派手な柄のタイに赤いカフス。これらすべてが記号化されている。そして映画の中で、主人公は何度か別の人と間違えられ、他の人も含めて名前の言い間違いが多い。殺したはずの人間に最近会ったという人も現れ、誰が誰なのか、誰が生きているのか死んでいるのかも分からなくなってくる。記号化が進みすぎると人は実体をなくし、固有名は曖昧になって記号の戯れの中に溶けてしまうようだ。

ちなみに彼らが自慢しあうこれらの字体はすべて架空の名称らしい。虚構性を強調するために原作者のブレット・イーストン・エリスがわざとそうしたのだろう。アメリカの名刺サイトによると、実際には、パトリックのものはGaramond Classico、ヴァンパタンのものはBodoni、ブライスのものはHelvetica、そしてポール・アレンのものはCopperplate Gothicという字体だそうだ。こんなにいろいろな字体が使い分けられ、しかもそこにちゃんと位階があるらしい。名刺合戦は実体のない世界での虚飾をきわめた競争の象徴なのだ。

†現代の「封建制」か？「未開社会」か？

会話とかマナーとかそういったものは、虚飾の追求を邪魔するものを簡単に遮断できるウォール街のような場所では、人の固有名や内面や人格性、そしてアイデンティティを煙のごとく消し去るところまでいってしまうのだ。

最近では、デヴィッド・グレーバーが『ブルシット・ジョブ』の中で、必要ない仕事として偉い人をより偉く見せるためだけの仕事を列挙している。こうした無駄な職種があまりに多いことに驚かされるが、彼はこの状況を「封建制」と呼んでいる。封建領主の邸宅を飾り立てる箔付けのための調度や、異様なまでに分業化された多数の従者や下僕たち。たしかに周りを見渡せば、必要のない秘書や受付業務、それよりもっと役割が分からない中間管理職的な仕事は多い。あっちの人とこっちの人をつないだり監督したりしていることになっているが、こういう中間者がいない方がよっぽど話がスムーズだったりする。これを現代の「封建制」に見立てたところは、人類学者グレーバーのセンスだろう。

ヴェブレンもまた、「有閑階級＝レジャー階級」の行動様式を人類学的に眺めた。これが未開社会の首長たちの、ポトラッチや祭祀的意味を持つ衣装や飾りの収集に似ているというのだ。しかもそれは、ポトラッチのように部族の社会構造や互酬と再分配のシステムに結びついているわけではない。互酬ではなく肥大化したエゴの発露としての消費をもたらす末期資本主義は、グロテスクで不合理で説明のつかない、無限亢進する欲望と自己顕示の世界に成り果てている。

9　徳の道と富の道

†ヒュームvsアダム・スミス

ヒュームの楽観的ともいえる商業社会への展望に対しては、当時からそれを訝る人も多かった。そこにはルソーのような偏屈野郎ももちろん含まれていたが、実は鋭い批判者はすぐそばにいた。一般的なイメージには反するかもしれないが、それがアダム・スミスである。

スミスは一七二三年生まれ、ヒュームより一二歳年下で、二人ともスコットランド・エディンバラ近くの出身だ。スミスはグラスゴー大学でハチスンに師事した後、オックスフォード大学で学んでいたとき、出版されたばかりのヒューム『人間本性論』を読んでいて大学から注意を受けたという。新奇な危険思想ということだろうか。その後エディンバラに戻り、一七五〇年ごろにはヒュームの知遇を得る。二人はヒュームの死まで固い友情に結ばれた。ヒュームは死に臨んでも無神論的立場を捨てず、当時の人々は彼を宗教道徳上の脅威と見なして攻撃した。そのため没後には、死に瀕したヒュームの心の平静と人格のすばらしさをたたえたスミスまでもが非難されることになった。

スミスがヒュームを批判したという話はあまり聞いたことがないし、スミス自身にその意図があったとも思えない。偉大な哲学者からの影響は大きく、スミスはそれを隠すこともヒュームから得たものを自分の功績として誇ることもなかった。それでもスミスがヒュームと異なるのは、富裕は徳とは相容れないものだと考えるようになり、それが立派さを僭称するのは危険だと、かなり深刻に受け止めていたことだ。

†富は頽廃する

スミスは『道徳感情論』（初版一七五九年）第1部第3篇第2章と、第六版（一七九〇年）で追加された第3章で、世間一般に富と権力を崇める強い趨勢があることについて、道徳的観点から検討している。スミスの観察によるなら、どんなに貧しい労働者であっても、虚栄や贅沢のために賃金の大半を使おうとする。富と権力を得るために人はあくなき競争の中に身を投じるし、社会的地位向上のために必死になる。スミスはなぜ人がこんなにも真剣に、財産や栄華を求めて我を忘れるのかと問う。

スミスは、人は貧乏人より金持ち、苦しんでいる人より幸福な人が好きだという。金持ちや権力者は見ているだけで快をもたらしてくれる存在だからだ。巨万の富を持つ人は自然に注目を集め、好意をもって扱われ、ちやほやされる。他方で貧乏人は人から同情も共感もされないため、自らの状態を恥じる。こうして貧乏な人の存在は世の中から無視され、置き去りにされる。これは現代にも大いに当てはまることだ。コロナ禍で女性と若者の自殺が増えているといわれても、その人たちにスポットライトが当たることはない。貧困者は自らを恥じて隠れており、不幸が嫌いで関わりたくない人たちは知らず知らず目を背ける。スミスはこうした人間の冷酷さを仔細に描写している。

金持ちの方が貧乏人よりいい感じがするからみんなが寄り集まってくるというごくありふれた現象は、しかしスミスから見ると深刻な道徳的影響を与える。そのことによって人々は、金持ちや権力者におべっかを使い、彼らの言いなりになって褒めそやす。スミスはルイ一六世を例に挙げ、この国王が見た目の荘厳さで人を惹きつけるものの、そこには大した内実は伴っていないと辛辣な指摘をしている。才能や徳の面ではとりたてて見る所のないこの王がこんなにも尊敬されたのは、その容貌の優雅さと美しさのためであった。

ここには、もっぱら外面を重視して人に対する態度を決める、当時の価値観が反映している。スミスはそれに疑念を抱き、このような空疎な人物評価が広まると、道徳が頽廃すると警告している。一方で富者と権力者を崇めたてまつり、他方で貧者を無視し蔑視するこの傾向は、道徳的価値の重要度を取り違えていることからくる。スミスにとっては、真に敬意を受けるべきは知識と徳を持つ者である。しかしこうした人々はなんとも地味で、派手派手しく着飾り自己宣伝がうまい富者や権力者のようには目立たない。多くの人は見かけにだまされ、富者の権勢を真の徳と勘違いする。そのためこうした見かけ倒しの人物の不道徳は、寛容にも見逃される。

身なりのいい人の放蕩は、みすぼらしい人の場合に比べて軽蔑や嫌悪にさらされる度合いがはるかに少ない。貧者の場合、節制や礼儀の法にちょっと違反するだけで激しい憤りを生む。だが身なりのいい人の場合は、つねにしかも公然とこうした法を蔑視していても、一般的に言ってはるかに怒りの対象になりにくい。（*The Theory of Moral Sentiments*, p. 63,『道徳感情論』124ページ）

人々は金持ちや権力者の不道徳を非難するどころか、彼らを賛美し、その服装やしぐさをまね、自らもその地位に少しでも近づこうとあくせく競い合う。そして醜い手段を使って一旦地位を手に入れたら、その過程で犯された不品行は忘れ去られ、人に羨まれる存在となって、いばり散らせるというわけだ。

ストア派の徳論から強い影響を受けたスミスは、財産の追求と徳の追求とは両立し難いと考えていた。というより、本来両者は別のものなのだ。物質的な富と立派な人間性とを併せ持つことは、財産が社会的な誘惑や自惚れ(うぬぼ)と無縁でありえないために困難なのである。スミスはこうした認識に立って、少数のまともな人間として徳の道を選ぶことを読者に呼びかけている。つまり、人間本性を冷静に観察するなら、富と権力を前にしてヒュームの「ほどほど」は抑制が利かなくなり、タガが外れて暴走し道徳を頽廃させるのだ。『国富論』で自由貿易と産業による豊かさを奨励したスミスは、道徳論としては富の支配に不信感を抱いていたことになる。

これについては、富裕を賛美することが道徳を頽廃させるという内容の『道徳感情論』第1部第3篇第3章が、フランス革命後の一七九〇年の版で付加されたことを考え合わせるとさらに興味深い。商業社会の急速な発展が、ヒュームの論考が書かれた約四〇年前との現状認識の違いを生んだのかもしれない。

†庶民の徳

ただしスミスは、下層階級と中産層にとって話は別だと考えていた。彼らの立場なら、徳の追求と物質的な幸福の追求は両立しうるのだ。これはなかなか希望のある話ではないか。スミス自身認めるとおり、世の中の大多数は中下層民だ。そして彼らにとって、商業社会の条件は徳の育成と相反するものではない。

スミスの理屈はこうだ。中・下層の人々が就く職業においては、堅実さや節度、要するに「ほどほど」できちんとしていることが重要である。金持ちどもとは異なり、慎ましい生活をする人たちは通常それほど傲慢ではない。だから極端に道を踏み外して不道徳かつ不謹慎な行いをすることは少ない。彼らは自分の裁量で勝手気ままにできる範囲が狭い分、他者からの評価や評判を気にして、それに影響されて生きている。周囲の評価が仕事や商売にそのまま結びつくのだから、王侯貴族のような傲慢なふるまいは到底できないのだ。

したがってスミスはここで、富者の傲慢と道徳的頽廃を危険視しているだけではない。逆に「普通の人々」は上層階級よりよほどまともで、彼らには世間の圧力の下で一定の道徳性を期待できるとも言っているのだ。ではこの庶民の徳とはどのようなもので、そこには問題がないのだろうか。これについて次に検討することにしよう。

10 フランクリンと他者の道具化

†清貧による立身出世

庶民の徳と聞いて真っ先に思い浮かぶのは、一〇〇ドル札のベンジャミン・フランクリンではないだろうか（二宮金次郎だった人すみません）。ちなみに一〇〇ドル札の肖像画がフランクリンになったのは一九一四年で、すでに一〇〇年以上も、日本でなら一万円札の地位に君臨している。これ自体、フランクリンがアメリカの富の象徴だということを意味している。一〇〇ドル札に庶民の徳の体現者が描かれているのだから、アメリカでは富と徳は一体なのだろう。

フランクリンは一七〇六年、イギリスからの移住者ジョサイア・フランクリンと後妻アバイアの間に生まれた。父親は先妻と後妻を合わせて一七人の子を持った。ベンジャミンはその中で男の子としては一番下の一〇番目であった。短い教育期間の後、一〇歳から父の手伝いをして働いた。その後の成功と彼の生涯については、一七七一年に執筆された『フランクリン自伝』に詳しい。ただしこの人は長寿で、この自伝を書いてから二〇年近く生きた。亡くなったのはスミスと同年の一七九〇年である。フランクリンは二度目のイギリス滞在時（一七五七年から）にヒュームおよびスミスと対面するが、それ以前から立身出世の人としてイギリスでも著名だった。

彼の書いたものの中でもその人生訓が明瞭に表れているのが、『自伝』の第六章「一三徳樹立」と、岩波文庫版『自伝』の付録に訳出されている「富に至る道」（一七五八年）である。後者はフランクリンが一七三二年から一七五八年まで毎年出版した歳時暦「貧しいリチャードの暦」の最終巻に掲載された聞き書き風の作品である。

私は「富に至る道」が収録されたこの最終巻を画像で見たことがあるが、三〇ページ弱の小冊子で、毎日の日の出・日没時刻や暦上の事項を一覧にした見開き二ページをひと月分に充てている。余白には月ごとにフランクリンが選んださまざまな人生訓が書かれているが、一七五八年の分は序文と全月の余白、そして裏表紙にまでびっちりと「富に至る道」の教訓話が書かれている。この暦は当時本など読まない貧しい人たちにもよく売れ、ベストセラーだったという。その人生訓を心に刻んで日々精進した人たちがたくさんいたのだろう。

さて、フランクリンの成功譚は典型的な清貧による立身出世の物語だ。それはのちに『自助論』を書き、その翻訳を通じて日本でも「自助」の語が広まったサミュエル・スマイルズにも大きな影響を与えた。

ちなみにフランクリンの一三徳とは、「節制・沈黙・規律・決断・節約・勤勉・誠実・正義・中庸・清潔・平静・純潔・謙譲」であった。『自伝』で説明されているこれらの徳の中身は、陰鬱だが想像どおりのものだ。それより注目されるのは、一三徳に反したときに印をつけるチェックシートだ（『自伝』140ページ）。フランクリンは徳の遵守目標を細かく分け、まずは一つの徳に注意を払うことでその徳に従うことを習慣化し、達成されたら次の徳に移る。うまくいけばチェックシートの印はどんどん減っていき、何週間も白いままということもありうる。こんなふうに流れ作業のごとく徳目を実践するというのも何か変だが、徳ある行いより徳に背く行いに着目する、自己懲罰的なあり方もまたこの上なく違和感を募らせる。

日常の些細な事柄にいつも気を配り、生活を律するためにその日犯した不徳を就寝前に反省

	日	月	火	水	木	金	土
節制							
沈黙	*	*		*		*	
規律	* *	*	*		*	*	*
決断			*			*	
節約		*			*		
勤勉			*				
誠実							
正義							
中庸							
清潔							
平静							
純潔							
謙譲							

『フランクリン自伝』のチェックシート
（『フランクリン自伝』140ページ）

して注意深く日記に書きとめチェックシートを埋め、しみったれた教訓を集めて歳時暦として出版し、常日頃から世間の信用と評判を決して落とさないようにする。この人物を、ゾンバルトとウェーバーはある意味対照的なやり方で評価している。そこで以下ではこの点を見ていきながら、庶民にとっての「富の道」と「徳の道」についてまとめておこう。

†禁欲的な富の追求?

ゾンバルトは『ブルジョア』第8章で、フランクリンを「市民」のカテゴリーに入れる。ここでいう市民は、祖国のために勇敢に戦う「公民」ではなく、倹約と時間の効率的利用が好きで浪費が大嫌いな、私的活動に邁進する人々だ。ゾンバルトはこうした人間像を、一四世紀イタリアで『家族論』を著したレオン・バッティスタ・アルベルティの系譜に位置づける。つまり、すでに述べたようなフランクリンの特性は、ルネサンス以来の市民的徳を踏襲し、『ロビンソン・クルーソー』のダニエル・デフォーを経て、アメリカ開拓時代の人々に受け継がれた人間性ということになる。

こうしたゾンバルトの理解に、ウェーバーは猛然と反対した。彼にとって、ルネサンス人の「家政」＝家の経営管理と、フランクリンの「営利」とはまったく異なっており、後者こそが「資本主義の精神」を体現しているからだ（『プロテスタンティズムの倫理と資本主義の精神』第1章2の注1）。ウェーバーによると、資本主義の精神とは「自分の資本を増加させるのを自己目的と考えるのが各人の義務だ」という思想を指す。要するに、幸福や安楽のための手段ではなく人生の目的＝義務として営利を捉えるのが、資本主義の精神ということになる。

だがここで「営利が目的になる」とは、よく考えるととても奇妙なことではないだろうか。

金を稼ぐことや預金通帳の数字を見るのが大好きな人に、何のためにお金を殖やすのか聞いたとする。そこで「殖やすこと自体が目的だ」と答えが返ってきたらモヤモヤするだろう。で、何のためなの？　と。「営利の自己目的化」は資本主義の普及とともに顕著になっていくが、一八世紀にはそれほど一般的ではなかったと思われる。ウェーバーは営利のための営利という思想の源泉を、ガリガリの金亡者ではなく、その正反対に見える清貧のピューリタン、フランクリンのうちに見出した。

ただし、ゾンバルトもウェーバーも、フランクリンの「正直の徳」が見せかけのものに接近していることの危うさを指摘している。実直であることよりそう見えること、信頼に足る人間であることより人にそうだと思わせることを重視するくだりが、『自伝』の中にくり返し出てくるからだ。それにフランクリンの文章はちょいちょい自慢たらしく、パワハラ的で授業中に自慢話ばかりする大学教員を連想させるキャラクターである。

ウェーバーもフランクリンについて、偽善的にも見える人間性が功利主義への接近を思わせると指摘している。しかしそれでもなお、フランクリンは神の啓示によって自分の勤勉な生き方がもたらされたと大まじめに信じており、自己利益のために善人を装って実は金儲けをしようと企むような人間ではないことも、ウェーバーは強調している。神の命により、労働はフランクリンの天職 Beruf であり営利は目的なのだ。それを合理的な生活と商売の効率化の追求によって成し遂げることは、徳の道かつ「富に至る道」なのである。

つまりウェーバーの考えでは、フランクリン的な庶民の徳の実践においては、禁欲も一切の享楽の禁止もガチで信じられていたということになる。富をできるかぎり追求せよ。ただしそれを消費することではなく、営利を追求し富を殖やすこと自体が目的かつ義務であるというわけだ。その意味でフランクリンは、徳の道と富の道を両立させた典型例といえる。おそらくスミスが『道徳感情論』で述べている中・下層の人々の世界も、こうした「徳に従いつつ富を得る」という実例を念頭に置いたものだろう。

†子どもの精神と経済人

ウェーバーの叙述は執拗に一つの仮説を検証していくもので、ゾンバルトのあれやこれやの多様な要素が出てくる書き方よりも迫力があり、読む者を惹きつける力が強い。だが、ゾンバルトの方がおもしろいことを言っているところもある。ゾンバルトのやり方は、さまざまな要素や現象をそれぞれ独立に挙げていって、徐々にある像を浮かび上がらせるというものだからだ。

ゾンバルトは『ブルジョア』第12章で、『フランクリン自伝』に掲げられた一日の「時間表」(『自伝』144ページ)について、フランクリンの時間の使い方が実にゆったりしていることに驚いている。起床は午前五時と早いが、夜は一〇時には就寝する。つまり毎日七時間は寝ている。仕事の時間は午前三時間午後三時間で、あとは食事や娯楽、一日の反省に充てられる。これが資本主義の精神に則って少しも時間を無駄にしないことを自らの心に誓っているフランクリンが、読者に公開してもかまわないと考えるような一日の過ごし方なのである。これに比べると、現代人はみんな情けなくなるほどひどい境遇にあることが分かる。ゾンバルトはスピードの点でも、量の点でも、競争の点でもかなりのんびりしたフランクリンの時代の企業家を「古いスタイルのブルジョア」と呼んでいる。

一九世紀になると、もうこんなのんびりは許されない。企業家の努力には終着点がなく、つねにもっと多く、もっと幅広く事業を開拓しなければならない。大きいこと、速いこと、新しいこと、権力を持つことは、すべていいことである。

ゾンバルトはこうした価値観を「子どもの精神の単純な状態への一種の回帰」(『ブルジョア』231ページ)と表現している。近代の経済人たちは、子どものように何であれ大きな金額を喜び、大きいものに価値を与える。比較はすべて質を量に還元することで成り立つ。なぜだか分からないが、とにかく新しければ何でもいいものと見なされる。こうした価値が、人々を投資や投機に向かわせる。売るためのものの生産にのみ関心が持たれるようになり、大衆は買わせるために動員される。商売人は買う気がない人もその気にさせようと躍起になり、新しい需要が実

時間表

	時刻	
朝 設問。「今日はいかなる善行をなすべきか」	5 6 7	起床、洗顔、「全能の神」への祈禱。一日の計を立て、決意をなすこと。現在の研究を遂行すること。朝食。
	8 9 10 11	仕事。
昼	12 1	読書、または帳簿に目を通すこと。昼食。
午後	2 3 4 5	仕事。
晩 設問。「今日はいかなる善行をなしたか」	6 7 8 9	整頓。夕食。音楽、娯楽、または雑談。一日の反省。
夜	10 11 12 1 2 3 4	睡眠。

『フランクリン自伝』の一日の時間割
（『フランクリン自伝』144 ページ）

需に反して無理やりにでも喚起される。

考えてみると、これらは現代ではどこにでも見られることで、誰もそれをおかしいとも非難すべきとも思っていない。もう持っている人にいかにもっと売りつけるか、新しい市場をどう開拓するかを考えるのは、むしろよき社会人の務めだと見なされている。商売人や企業人がどんなに品性下劣で遠慮会釈がなくても、売れること、儲けること、規模を拡大することさえできれば、そうした欠点は帳消しになる。実績がモノをいう世界なのだ。

現代でも、品性下劣な事業経営者が偏った思想信条をSNS上で披露して驚かれることがある。すでに私たちはこうしたことに慣れっこで、いちいち注目もしない。だがこれは、やっぱりおかしなことなのだ。どこでどう間違ったのか、徳の道と富の道はすっかり分かれてしまったようだ。ゾンバルトが『ブルジョア』を書いてから一〇〇年以上が経つが、拝金的な価値観の開き直りはますますひどくなり、悪趣味もきわまって金持ち崇拝が幅を利かせている。貪欲と営利欲が暴走する小児のような欲望の肥大化は、加速するばかりである。スミスが危惧したとおり、富裕と奢侈は社会を腐らせてしまった。彼の予想に反してそれは富者だけでなく、中・下層を含め社会全体に浸透している。

†貪欲を肯定する世界はそれでもつづく

ヒュームは商業社会の新しい正義と道徳を、利己心や奢侈と両立するものとして描こうとした。一方でスミスは、富者や権力者の腐敗と道徳の頽廃を冷めた目で眺めたが、一般庶民の富と徳の両立については希望を抱いていた。現代からすると、彼らの観察と予言はどう見えるだろうか。

富の道と徳の道が両立しがたいことは、スミスが指摘したとおりだろう。そのため道徳的な非難もたびたび起こってきた。ウェーバーもゾンバルトも富の追求の倫理的帰結についてきわめて悲観的な見解を持っており、他にも多くの思想家、著述家、政治家そして一般の人々が、資本主義の運動が巨大化するにつれて制御できなくなる恐ろしい貪欲の渦を批判してきた。

だが富の追求は、こうした批判を巧みにかわしながら、大過なく数世紀を生き延びたともいえる。そして現在でも我が世の春を謳歌している。なぜなのだろう。「経済を回す」ことや株価を維持することが政治家の支持に直結し、社会正義は二の次というのが現状である。どうしてこんな世の中がつづき、多くの人がそれを許容しているように見えるのか。そこにはさまざまな理由があり、とうてい表に出ないようなものから分かりきったものまで、いろいろな要素が絡み合っているのだろう。

これについてふだんはあまり取り上げられない面を含めて考えるために、本書ではこの後ホモ・エコノミクスの思想史という観点から、富の道を追求する人間、貪欲を肯定する世界を、正面きってではなく裏側からこっそり擁護し正当化する、ある「科学」の成立と展開に注目する。

第二部

ホモ・エコノミクスの経済学

クリムト「接吻」（1907-1908）

はじめに 「科学としての経済学」の史的背景

第一部では、富と徳をめぐる一八世紀ヨーロッパでの論争を見てきた。そこには富の支配に対する大きな不安や危惧と、それをなだめるかのような新しい道徳や文化、そして秩序像の展望があった。こうした論争に決着がついたわけではない。しかしそれは一九世紀に入ると、「貧困問題」の出現によってかき消されてしまったかのように顧みられなくなる。というのは、富が人心を荒廃させるかそれとも新たな徳を生むかなどという問いがのんきにも見えるような、社会の大きなうねりが生じてきたからだ。

一八世紀末以降の技術と生産様式の急激な変化によって、ヨーロッパ諸都市には多くの労働貧民があふれるようになった。これまでのように「よい貧民」「悪い貧民」といった区別が成り立たないほどの数になった貧しい者たちは、人々の貧困への見方を変えた。受け皿のないまま農村から押し出され都市を流浪する人々は、個人の努力や人間性ではなく、社会的な構造によって貧困を強いられているのではないか。つまり「社会問題」としての貧困が発見されたのである。これは「貧困問題 pauperismus」ということばで語られるようになり、その解決のために、労働者保護の政策、都市の衛生機能の改善、遅れてではあるが労働者による結社の容認など、さまざまな施策が試みられた。

激動する一九世紀には、下層民の政治的権利の擁護や秩序への脅威などについての議論がさかんになり、体制変革と揺り戻しの革命が頻発した。暴力を含む激しい政治闘争を経て、左右の対立は経済体制や経済的立場をめぐるものとなり、一方に労働者や貧民に支持される社会主義、他方にブルジョア層が擁護する自由主義という二つの陣営ができた。こうしたなか、自由主義経済学は市場の自由を擁護するための新たな理論武装を必要とするようになる。つまり、一八世紀のように「特権」を批判することで自由を擁護するという、既存秩序への挑戦者としてのポジションが成り立たなくなったのだ。

新しく現れた言説においては、一八世紀のように富や金儲けが道徳的に容認できるかどうかや、また競争によって貧富の格差がもたらされることを擁護するかどうかといった正面きった問いかけはなされなかった。たしかに貧民からのプロテストに対して、もう一方の階級であるブルジョアをただ単に擁護することは難しい。貧民は明らかにブルジョアより弱者なのだから。

そこで市場擁護派は、もっと「科学的」で「中立的」な立ち位置を目指した。もちろんこれはイデオロギー的な立場選択だけによるのではない。一九世紀は科学技術の時代でもあった。科学は自然にかけられてきた神秘のベールをはがしてその合理的法則性を明らかにすると同時に、人間の生活を豊かにするために利用されるべきものとして広く認知されるようになった。

そして社会についてもこの発想で、人間のために利用される自然と同様のものとしてその仕組みを解き明かそうとした。これが一九世紀の科学主義が目指した一つの方向であった。

科学が技術と融合する傾向を強め、実用性と科学性が手を携えて進むと楽観視されたこの時代、人間と社会に関する学問の中で、経済学は心理学と並んで自然科学をモデルとする科学化を最も精力的に推し進めた分野である。では経済学はどうやって、社会に関する精密科学の地位を手に入れようとしたのか。その際に援用された一つの前提が、ホモ・エコノミクスだった。個人が自己利益のために行動すると想定するなら、その社会的帰結の予測はシンプルになり、理論化がたやすくなると考えられたからだ。これはいまでも経済学でホモ・エコノミクスが仮説として採用される有力な理由の一つだ（Uskali Mäki, '*Homo Economicus* Under Multiple Pressures,' p. 314–315)。社会を個人という単位にまで分解し、しかもその個人が皆同じ動機や行動規範に従って行為すると考えると、社会についての描写はやりやすくなる。これは一八世紀にコンディヤックによって「分析の方法」と呼ばれたやり方に則ったもので、学問を厳密な科学にするために有効な手法とされた。

こうして、経済学はのちに「方法論的個人主義」と呼ばれることになる、個人の欲求や好み、そして合理性から出発して社会を説明するという前提を取り入れた。また、ホモ・エコノミクスという原子化された（個人へとバラバラにされた）人々の行動がもたらす集合的帰結を描くため、物理学の中で洗練されてきた数学を借用した。第二部ではこうした変化がどのようにして起こったのかを、思想家をめぐるエピソードを交えて見ていくことにしよう。なお本書では数式は出てこないが、微積分法についての記述によく分からないところがあるかもしれない。そういうところはあまり気にせず先に進んでほしい。

1 ホモ・エコノミクスの語源学

本書では、ホモ・エコノミクス、エコノミック・マン、経済人ということばを互換的に用いている。これらのことばが意味する人間像の歴史的な起源については、第一部で論じたとおりだ。こうした人間像に言及した多くの著作の中でも、スミスが『国富論』(一七七六年)で、「肉屋や酒屋やパン屋の情け深さに期待しても、私たちは食事にありつけない。だが彼らの利己心は、私たちに食事を提供してくれる」(第1編第2章)と書いたのは有名である。こうした人間像は、ヒュームからマンデヴィルへと遡ることができ、フランスではコンディヤックやエルヴェシウスに典型的に見られる。では、考え方や理念としてではなく、ことばとしてのホモ・エコノミクスはいつごろから使われるようになったのだろう。

一八世紀が分類の時代であったことは、フーコーの『言葉と物』に書かれているとおりである。スウェーデンの博物学者リンネは、動物分類の一覧表づくりに精を出し、人間を「ホモ・サピエンス」と呼んだ。ほかにも「ホモ・〇〇」の呼称は、ホモ・ナトゥーラ（ニーチェ）、ホモ・ルーデンス（ホイジンガ）、ホモ・ファーベル（ベルクソン）、ホモ・ユリディクス（シュピオ）などさまざまなものがあるが、これらは術語としては一九世紀末から二〇世紀に用いられるようになった呼称である。

一九世紀にすでに用いられていたホモ・エコノミクスは、その意味では比較的古参のホモということになる。誰によっていつこの語がはじめて用いられたのかについて、決定的な説はないようだ。

現在分かっているところでは、まず一八八八年に、このあと取り上げるイギリス歴史学派経済学者のイングラム『政治経済学史』の中で、ジョン＝スチュアート・ミル批判の文脈でeconomic menという複数形で用いられている。三年後の一八九一年、今度は当時歴史学派と対立していた「理論派」のジョン＝ネヴィル・ケインズ（ジョン＝メイナード・ケインズの父）が『政治経済学の領域と方法』で、より方法論的に厳密なやり方でeconomic manを単数形で用いた。これはパースキが一九九五年の論文「ホモ・エコノミクスの語源学」で指摘していることだ。

もう一つはこれに先立つ一八八三年、カトリック経済学者ディーヴァスの『経済学の基礎』

に、「ミルはホモ・エコノミクス、あるいはドルを漁る動物だけを検討したMill has only examined the *homo oeconomicus*, or dollar-hunting animal」とある。これは「オックスフォード英語辞典」に記されている。私はこういうことの裏を取らないとがまんできない方なので、ディーヴァスの本を調べてみた。たしかにこの本の初版二六―二七ページで、サイムという人が一八七一年の『ウェストミンスター・レヴュー』に書いたミル批判について論じる中で、ディーヴァスはこの表現を用いている。

ちなみにサイムの文章は、ミルの『政治経済論集』(一八四四年)の第五エッセイ、つまりあとで取り上げる「政治経済学の定義とその学における哲学的探求の方法」(一八三六年、以下「定義と方法」)を評したものである。気になるのでサイムの論説も読んでみたところ、これは当時の歴史学派の立場に依拠した一三ページの論説で、ここにはミルが「富に関して、人類はただ一つの動機、つまり自己利益だけに動かされているという仮説」(Mill, 'On the Methode of Political Economy,' p. 207からの引用)を立てていること、またその批判が書かれている。ただしホモ・エコノミクスの語はない。

これ以外に、ホモ・エコノミクスを厳密に理論的に定義づけて用いた初期の例として、パースキはパレートの『政治経済学マニュアル』(一九〇六年)を挙げている。

つまり、現在分かっているかぎりでは、ホモ・エコノミクスの最も早い用例は一八八〇年代ということになる。だが、年代調べが好きな人はすでに気づいていると思うが、ミルの論文の初出は一八三六年である。ということはそのころすでに、経済学の方法をめぐる論争の中で、ホモ・エコノミクス的人間像の彫琢がイギリスではじまっていたのである。

2　イギリス歴史学派と方法論争

†イギリス歴史学のはじまり

だいぶ調べるのに疲れてきたので、ここからは佐々木憲介『イギリス歴史学派と経済学方法論争』に沿って見ていこう。経済学方法論争といえば、まず挙げられるのはドイツ語圏で、ベルリン大学のシュモラーとウィーン大学のメンガーとの間で行われたやりとりが思い浮かぶだろう。これについてはあとで取り上げるが、「イギリス歴史学派」というのはあまり聞いたことがない。だが、当然といえば当然なのだが、世界を牽引した産業革命の国イギリスでは、早くから経済学の体系化と一般理論化が進められていた。この動きへの反発が、イギリス歴史学派を結集させたといえる。

イギリスで経済学が盛んになる中で、経済学の体系化を歴史や具体的事実からの理論の切り離しとして推進したのがリカードウであった。リカードウに比べると、スミスの『国富論』は歴史的・思想史的な面と理論的・抽象的な面を併せ持ち、また大陸自然法論や市民法学や「統治の学」、そして経験主義の道徳哲学などから影響を受けた、非常に多面的な著作である。

リカードウの主著『経済学および課税の原理』（一八一七年）と、ジャン＝バティスト・セイ『政治経済学概論』（一八〇三年）によって、経済学の「正統派」が英仏で確立する。これに対する疑問と反発が、イギリス歴史学派のはじまりである。興味深いことに、これはドイツにおける方法論争とは構図が逆になっている。ドイツの場合の論争のはじまりは、当時ドイツ語圏の学問の中心であった歴史学派の重鎮シュモラーに対する、ウィーン大学の理論派メンガーからの挑戦であった。つまり、イギリスでは歴史派が理論派を批判することで論争の火蓋が切られ、ドイツでは逆に歴史派が理論派から挑戦を受けたということになる。

ちなみにフランスにも歴史学派が存在するといわれる。フランスの場合にはイギリスよりもっと楽観的な自由放任主義が、一九世紀半ばにはアカデミズムを支配していた。フランスでは一七九五年（九四年とも）にエコール・ノルマル（担当はアレクサンドル・ヴァンデルモンドという数学者）、コレージュ・ド・フランスや数少ないグランゼコールのポストを独占した。彼らは、コレ一八一九年に王立工芸院（ジャン＝バティスト・セイ）、一八三〇年にコレージュ・ド・フランス（ジャン＝バティスト・セイ）、一八四七年に国立土木学校に経済学講座が作られたにすぎない。だが一八七八年、各地の大学法学部に経済学の科目が新設されることになり、潮目が変わる。このとき主流派の自由放任信奉者とは異なる立場の経済学者にも、職を得るチャンスが生まれたからだ。

ただし、こうして職を得た非主流派を「歴史学派」と括るべきかは分からない。セイのあとに特筆すべき理論的展開に乏しく、経済学の数理化も拒絶してポストを身内で独占していた主流派たちは、協同組合論や社会学と結びついた社会経済学（シャルル・ジッドやフランソワ・シミアン）と、主流派にフランスから追い出されたレオン・ワルラスのローザンヌ学派の双方から学問的に攻撃されることになった（ワルラスに数理アプローチを勧めたクールノーは、経済学ではなく解析学と力学の教授であった）。つまりフランスでは保守的主流派の存在によって、限界革命に至る方法論的な彫琢を行う新しい経済学が育ちにくかった。そのため、歴史や社会を重視する優れた研究者はいたものの、まともな論争が起きなかったということになる（ワルラスが主流派から追放された経緯はあとで述べる）。

†演繹対帰納

イギリスの論争に戻ろう。佐々木によると、はじめにリカードウの議論を批判したのは、『富の分配および税の源泉についての試論』（一八三一年）を書いたジョーンズであった。ジョーンズは学問分野が異なる数人の研究仲間と「ケンブリッジ帰納主義者」なるグループを形成し、フランシス・ベイコンの『ノヴム・オルガヌム』（一六二〇年）を旗印に、実験・観察と帰納的推論を重視する方法論を掲げた。これ以降、「演繹対帰納」という対立の上で帰納的な方法の重要性を主張することが、イギリス方法論争での歴史学派の大きな特徴となる。イギリスは科学と理性の国だが、慣習と帰納の国でもある。ベイコンを嚆矢として、ロックからヒュームに至る経験主義の哲学的伝統を一瞥するだけでも、歴史学派がイギリス的知性に根ざした思想だということが分かる。

　ここにはすでに、方法論争の根本的な主題が姿を現している。理論派あるいは演繹派は、経済学を科学として確立すること、個別の事情に左右されない一般的な法則や理論を打ち立てることを重視した。それによって当時怪しげな新興学問だった経済学が、アカデミズムの中で確固たる地位を占めることを夢見たのだ。また当時は経済学にかぎらず、人間や社会に関する学問が自然科学をモデルとするのが流行していた。なかでも天文学や物理学は、数学を自然現象に適用することで一般的で不変の法則を導くだけでなく、将来何が起こるかを法則をもとに予言できる、科学の理想の姿と考えられていた。

　こうした方法を社会科学や人間科学に適用することの是非やそのやり方は、当時大きな関心の的であった。社会学、心理学のみならず、医学や工学などの現在でいう理系分野でも、物理学のような正確さをもたらす方法が模索された。

ただし理系分野と比べると、経済学をはじめとする人間と社会に関する学問では、理論を作るために過程や前提をシンプルにすることで、捨て去ってしまうものや説明できなくなるものの大きさが問題になる。いくら理論的に精緻な法則ができたとしても、それがあまりにも現実離れした想定によるものなら、あるいは現実の多くの部分を捨象してしまい何の実用性もなかったとしたら、社会科学としては失格である。そして社会・人間科学の中でもとりわけ経済学において、そのことが大きな問題となってきた。

経済学は集団現象を扱うため、自然科学のような実験による仮説検証は難しい。したがって、こうした方法を取り入れやすい心理学の場合と異なり、通常経済学では比較対照実験などができない。そのため、心理学とは別の道をとおって物理学的方法の導入がなされた。こうして経済学は、理論化・一般化への志向を追求するうえで、理論構築のために数式を用いたモデル化を推し進めることになった。

†ホモ・エコノミクスの原像――J・S・ミルの政治経済学

方法論争を紹介する出発点として、ここでミルの「定義と方法」を簡単に見ておこう。先に断っておくべきは、ミルはとても視野が広くリベラルの良心みたいな人だということだ。したがって彼自身は、現実の人間が自己利害しか考えないだとか、ホモ・エコノミクスの経済学が人間の経済活動のすべてを説明できるだとか、こういった考えはまったく持っていなかった。ミルは人間の社会性を強く意識した思想家で、教育論や心理学でも重要な業績を残している。さらにハリエット・テイラーの影響を受けたフェミニストでもあり、結社の擁護など社会民主主義的な立場から政治家として活動したことでも知られる。また、ミルは「コモンズ（共有地）」についても論じており、のちの「環境経済学」に連なる視点を持っていた（大森正之『持続可能な経済の探究』第1・2章を参照）。

その一方で、経済学の方法論としては演繹の方法を支持し、ホモ・エコノミクスの人間像に依拠することの重要性を認めていた。論理学と方法論に関心を持ったミルは、経済学を科学にするための理論化と一般化を擁護し、そのため歴史学派から批判を浴びることになったのだ。

ミルは「定義と方法」の中で、人間の知を自然科学（物理科学）と道徳・心理科学 moral or psychological science の二つに分けている。当時はまだ、のちに自然科学の中で物理科学と対比される生命科学は学として十分自立しておらず、現在でいう物理学と化学が、いわゆる「理系的」な知の大部分を覆っていた。

これに対して、道徳科学というのは現代ではやや奇異な表現に感じられる。しかし一八―一九世紀には、moral の語は道徳というより「心」「精神」、もっといえば「社会」など、個としての人間とその集合性に関係する領域全体を指していた。たとえばスミスはエディンバラ大学の「道徳哲学」講座の教授であったが、一九五〇年にハイエクがシカゴ大学に呼ばれたときにも、彼に充てられた講座は「道徳科学」だった。自然とモノを扱う領域以外、精神を持った存在としての人間に関するあらゆる事柄が moral だと考えると、ハイエクには経済学よりもずっと広い研究領域が期待されていたということになる。つまりミルの区分は、いま風にいえば学問を自然科学と人文・社会科学に大きく二分したものといえる。

政治経済学は後者にあたる、人間の心と社会についての学に属するので、富の生産や配分を物理的に扱う分野はその対象から外れることになる。さらに、集合体としてさまざまな形態をとる個別具体的な社会に関する経済学は、それぞれの社会の特色を考慮する「社会経済学」という分野で扱う。ミル自身のことばによるなら、政治経済学は「社会状態によって修正を受けた人間本性や、社会における人間のすべてのふるまいを対象とはしない。政治経済学は人を、富を所有しようと欲し、この目的のためにどの手段が適切かを比較し判断することができる存在としてのみ取り上げる。そのため他の情念や動機を完全に取り除いてしまう」(Mill, 'On the Definition...,' p. 12)。

この方法をミルは、演繹的、抽象的、あるいはアプリオリな方法と呼び、政治経済学が科学となるために必要不可欠なものだとする。ここには、限界革命以前の経済学方法論への関心の高まりの中で生まれた、ホモ・エコノミクスの原像を明確に見て取ることができる。つまり、欲望を持ち、その欲望の対象が富であることをあらかじめ定められた個人、そして富の獲得のためにとるべき手段を相互比較し、合理的に選択できる個人である。しかもその個人は、他の属性を意図的に剝奪された理論上の仮構物なのである。

†政治経済学という語

ここで「政治経済学」の語について触れておくべきだろう。もともとは、家政や家計に関する「一家の」エコノミーあるいはドメスティック・エコノミーに対して、「一国の」富と経済に関係する学が、ポリティカル・エコノミーすなわち政治経済学であった。このことばの語源学については、重田『統治の抗争史』第一五章を参照してほしい。政治経済学は一八世紀には目新しい学問だったが、古い「家（オイコス）」経営体が失われ、経済が一国あるいは社会全体に関わるものであることが自明になってくると、この文脈ではポリティカルを冠する必要がなくなった。

一九世紀末までには、経済学 economics の語が用いられはじめ、両者が混在するようになる。たとえばジェヴォンズの『政治経済学理論』（一八七一年）と死後出版の『経済学原理』（一九〇五年）、マーシャルの『経済学原理』（一八九〇年）など。ジェヴォンズは『政治経済学理論』第二版の序文で、初版のPolitical Economyを第二版ではすべてEconomicsに置き換えたとしている。「われわれの科学を示す古い厄介な複語名辞は、できるだけ速やかに解体されてしかるべき」（訳xviiページ）という理由なので、長ったらしく古めかしいのがよくないようだ。

ただし、先ほど挙げた歴史学派ディーヴァスの著書は『経済学の基礎』（一八八三年）で、理論派だけがeconomicsの語を使ったというわけでもなさそうだ。現代では、一九世紀の理論派の流れをくむ経済学はeconomicsを用い、その場合political economyは古い表現として扱われている。これに対して、歴史学や社会学・政治学・政策学的な関心がからむ経済学にはpolitical economyも用いられている。

なおpolitical economyの用例については、第三部で取り上げる公共選択論や実証的政治理論における使用も重要である。狭義の経済現象以外の政治行動や社会行動に経済学の手法を用いるこうした学問が一九六〇年代以降活性化するが、これらの研究は自らpolitical economyを名乗る。この場合、一九世紀末にいったん統治や国家の学からの自立を宣言した経済学の手法を、今度は逆に政治や社会における人間行動の説明に適用するというニュアンスで使われている。つまり使用者の自己意識としては、かつて政治学から独立した経済学は確立された「科学的」手法によって、政治の領域を経済学的に説明できるという意味でのpolitical economy

として凱旋したということになる（この用例では「新政治経済学」という、旧来の政治経済学と区別する呼称も用いられる）。

英語についてはだいたい以上だが、ドイツ語はさらに事情が複雑だ。ドイツ語には Politische Ökonomie 以外に、Volkswirtschaft や Nationalökonomie といった語がある。厳密な学問分類が好きなドイツの経済学者たちは、これらの語を学問論と関連づけて用いてきた。橋本昭一がドイツ歴史学派のロッシャーとクニースを中心に、複雑な呼称の歴史を紹介している。また、economics に当たる語は Wirtschaft と Ökonomie となる。これは economics がフランス語では économie と単数形になるのと似ているが、フランス語では sciences économiques も用いられる（英語でも economic science という言い方がある。たとえばロビンズは、経済学の純粋理論の「科学性」を強調するためにこの語を用いている）。

語源学をやるといつもこうなるのだが、結局何が何だか分からなくなってしまった。だが、呼称が学問のあり方や立場と無関係でないことはたしかだ。なぜこんなに詳しく説明したかというと、「政治経済学は経済学の昔の言い方だから、これは「経済学」と訳しておけばいい」という説が流布しているのか、実際に一九世紀までの「政治経済学」を冠した著書が、何の断りもなく日本語で「経済学」と訳されてきたことが気になったからだ。歴史的な名称には必ず意味があり、ヘゲモニーを握る用語の変更をめぐっては学問上の熱いバトルがある。だからもっと繊細に扱うべきなのだ。

†歴史学派のホモ・エコノミクス批判

話を戻そう。ミルに代表される理論派の議論に対して、一八七〇年代の不況や歴史学の興隆、また労働者階級の力の拡大などを背景として台頭するのが、史実と経験を重視する歴史学派の経済学であった。このなかでドイツ歴史学派への参照も行われた。たとえばアイルランドのレズリーはロッシャーの著作を紹介し、理論派に対抗して歴史と帰納の重要性を強調した。三〇年間にわたるイギリスの方法論争には多くの経済学者が加わった。理論派の側では、あとで取り上げるジェヴォンズのほかに、ロー、シジウィック、マーシャル、ケインズ（父）、エッジワース、歴史学派の側ではロジャーズ、イングラム、カニンガム、トインビー、アシュレーなどが論説や講演などでこの問題を取り上げ、議論は白熱しさまざまな論点が提起された。

この論争は一九世紀が終わるころには下火になったが、最も盛んだった一八八〇年代に、論争の中でホモ・エコノミクスの語が使われるようになった。またそれ以上に重要なこととして、この時代よりも後にホモ・エコノミクス批判において取り上げられる論点や批判点の多くが、実はここですでに出揃っている。つまり、方法論争での歴史学派による理論派の批判は、ホモ・エコノミクス批判の原点として、いまなお考察に値する内容を持っているということだ。

ここで佐々木『イギリス歴史学派と経済学方法論争』に戻って、歴史学派の経済人批判を整理してみよう。まずレズリーは、人が追い求める富が多様であるという、至って常識的な指摘をしている。個人の欲望を出発点として、なおかつその欲望の対象が富であると言われても、富そのものが歴史的・文化的背景の中でしか存在しない。これは第一部で挙げたゾンバルトやヴェブレンなど、多くの経済学者が指摘するとおりである。

近ごろはみなさん通販で買い物をするはずなので、実感として分かるだろう。楽天やアマゾンには本当に無数の商品がある。なかには、こんなものをチョイスする人がどこにいるんだ?!と驚嘆するような商品が、けっこうな値段で売っていたりする。指一本一本に別々の動物が立体でついているカラフルな手袋とか。まったく売れないということもないのだろう。色柄違いで出ていたりする。また、欲望の対象は「流行」によってもどんどん変わる。とくにファッション系は流行がシーズンごとに演出されるので、微妙に丈の違うスカートやシルエット違いのパンツなど、人が何を欲するかは時の経過とともに目まぐるしく変わる。

それだけでなく、欲望は自分のためとは限らない。子どもに財産を残そうとする人もいれば、女性解放のための学校建設に生涯を捧げる人もいる。ただしここで、欲望がしばしば自己利益とは異なった形態を取るという論点を、仮面をかぶった利己主義と捉えるべきではない。よく「人のためにしていることもそれで満足するんだから結局は自分のためでしょ」といって何か分かったような気になっている人がいるが、人間はそんなに単純ではない。こうした言いっぷりは利己的人間像を最初に設定することで、人間がどんな選択をしてもそれが自己利益のためであることに絶対に反論できない循環構造になっている。

このことは、センが「合理的な愚か者」（一九七七年）で恐ろしいほどの切れ味で論じている。人間が選んだものがその人の欲したものだと定義してしまうなら（「顕示選好」という考え）、何を選んでも結局それは自己利益に基づく選択になる。センは「コミットメント」と「共感」の原理を自己利益とは異なるものとして置くことで、そこを突破しようとした。

さらに、モースやポランニーの経済人類学的な観点からも、個人の利己的動機による経済活動が大部分を占める社会というのは、人類史上むしろ例外的であることが分かる。そもそも個人の欲望がそれだけで切り離されること自体、特殊近代的想定なのだ。そしてよく考えてみると、私たちが自分の欲望を他者関係から切り離して理解できるかどうかはとても怪しい。人は他者とともに生き、そのなかでたとえば名誉や地位のような社会的な勲章を欲しがるのだ。これは一八世紀の最も徹底した功利主義者であった、エルヴェシウスが考えたことだ。つまり、功利主義的であることと人の行為を経済動機に還元することは同じではないということになる。金よりも大切なものを必死に追い求める人はたくさんいる。

実際には、人間の欲望は多様である。そのあり方も対象も予想の斜め上を行くようなことを望む。そこには、「財」として、あるいは貨幣に換算できる富として把握できない無形の社会関係も含まれる。だから、個人の経済的欲求だけを切り離してそこを出発点とする経済学には、そもそも無理があるのだ。

また、のちに「完全情報」「完全合理性」として批判されることになる条件も、すでにこの時期に俎上に載せられていた。欲望充足を求めて市場に参加する当事者が、市場に関するあらゆる情報を一人残らず持っており、また各々の参加者が完全な計算能力を持ち決して選択を誤らないという強い想定は、当時の理論派にとって初期条件となっていた。これは現実離れした想定で、条件としてあまりに強すぎるので説明能力に欠けると当初から見なされた。そのため市場の経済学の中でも強く批判されてきた部分である。こうした批判を受けた一九世紀末以降の経済学理論は、限定合理性や情報の不完全性など、さまざまな修正を受け入れていった。ここからやがてはゲーム理論や行動経済学、進化経済学などの新分野が展開していくことになる。

†コントの学問分類

一九世紀の知的背景の話に戻るなら、歴史学派の主張の裏には、オーギュスト・コントの社会学からの影響があった。そもそも社会を「有機体」として捉える発想は、個人から出発する経済学のモデルとは異質である。しかもコントは、数学という一般的で抽象的な学から社会学という個別具体的な学へと、段階的に階梯(かいてい)を昇っていくような学問分類を行った。この分類においては、単純で抽象的な数学と複雑で具体的な社会学は最も隔たっている。これは数学を用いて社会現象を単純で抽象的な原理によって捉えようとする理論派の経済学とは、正反対の考え方である。

このようにイギリス歴史学派は、コントに見られる当時最先端の学問分類の影響を受け、また論争の初期に当たる一八七〇年代にすでに、同時期のドイツ歴史学派をイギリスに紹介していた。つまり、ヨーロッパにおける経済学方法論争は同時代的な磁場の中で行われたということだ。ただしイギリスとドイツでは異なる部分もある。それは学問上の論争というものが、それが生じた時代背景だけでなく、国や地域の学問的な風土とも密接に関係しているからだ。こういうところは知識社会学的な興味がわいてくるわけで、以下ではこのあたりからドイツ語圏での論争を見ていくことにしよう。

3 メンガー vs シュモラー

†歴史学派への挑戦

すでに指摘したとおり、方法論争として最も有名なのはイギリスではなく、オーストリアのメンガーとドイツのシュモラーとの間に生じたものである。そこでこの論争の知的背景と特徴を、次に取り上げることにする。

カール・メンガー Carl Menger（1840–1921）は兄に政治家のマックス・メンガー（自由主義者のライヒ議会議員）、弟に法学者のアントン・メンガー（「労働全収権論」で著名な民法家）という優れた兄弟を持つ、非常に知的な家系の出身である。当時のオーストリア領ガリツィア、現在のポーランド南端（スロバキア、チェコ、ウクライナにも近い）ノヴィ・ソンチに生を受けた。息子は数学者で綴りちがいの Karl Menger で、ハイエクの研究仲間であった（「メンガーのスポンジ」の人。これはフラクタル図形の一種で、無限の面積とゼロの体積からなる。「ジョジョの奇妙な冒険」第7部の並行世界の話で、同一人物が同一世界に二体存在し両者が出会うと、身体がバラバラになって崩壊するが、そのとき破片がなぜかメンガーのスポンジ模様になっている）。

メンガーは、当時の習慣に則って法学の博士号を得たあとジャーナリズムの世界に身を置き、そこで理論と実際の経済との関係に興味を持った。そこから独自の経済学を打ち立てたという一風変わった経歴の持ち主である。もっともカール・ポランニーの経歴もこれとよく似ており、当時のウィーンジャーナリズムの質の高さが想像される。

経済学という学問の歴史は政治学や哲学と比べると浅く、一八世紀のヒュームやスミスは道徳哲学者であった。経済学を体系的に教える学部はメンガーの学生時代にもまだ存在しなかったため、この世代は法学部や哲学部にある政治経済学講座などを通じて独自に経済学を学んでいた。メンガー自身も、ウィーン大学でのポストは法学部の中の経済学講座であった（Wikipedia英語版には、世界最初の政治経済学ポストは南イタリアのナポリ大学の一七五四年、そして一七六三年にはウィーン大学に政治経済学ポストが誕生したと書いてある。ただしウィーン大学のHPによると、ゾネンフェルスのために新設されたこのポストは「ポリツァイ学および官房学」であって、経済学ではなかった。イギリスでは一八〇五年に、マルサスがはじめて政治経済学講座を担当した）。

メンガーとシュモラーの対立は、メンガーの『社会科学、とりわけ政治経済学の方法に関する研究』（一八八三年、以下『政治経済学の方法』）によってはじまった。メンガーはすでに一八七一年に『国民経済学原理』を刊行しており、これはのちにオーストリア学派のはじまりをしるす記念碑的な著書となる。しかし彼の理論的で演繹的な体系は、歴史学派が隆盛をきわめていたドイツではまったく評価されなかった。そこで、自らの方法に自信があったメンガーは、主著刊行から一〇年以上経ってから、歴史学派に挑戦状を送ったことになる。

一八八二年にシュトラスブルクからベルリンに移ったばかりのシュモラーは、いわばメンガーに売られた喧嘩を買って、歴史と経験と帰納の重要性を説いて応答した。これに対してメンガーは、経済学の中心は理論的な科学にあるべきで、歴史はその補助科学にすぎないという

（ある意味失礼な）反論を行った。現在のアカデミズムでは、経済史や経済学史の研究者は経済学部の中ではたいてい肩身の狭い思いをしており、メンガーのような主張に正面切って反論することは難しいだろう。だいたい数式を作るのに忙しい数理経済学者は、歴史家が何を言ってもどうせ聞いてくれない。経済学においてここまで数理化が進んだのは、限界革命の時代からすると驚くべきことだろう。これについては、歴史や思想が方法上劣っているということではなく、政治的かつ社会的なヘゲモニー闘争の結果であると私自身は考えている。

だが、当時は状況が違っており、シュモラーはかなり怒ったらしい。シュモラーが一九一一年に刊行した『国民経済、国民経済学および方法』第三版でもオーストリア学派の扱いは小さく、褒められているのはシュンペーターくらいである。このあたりは今となっては、歴史や思想がここまで重視されていた一九世紀ドイツが羨ましくなる。この論争の顚末については多くの研究があるが、短くまとまっているものとして、玉野井芳郎「メンガー対シュモラーの方法論争」を挙げておく。

†思想の歴史的条件

わざわざ話をややこしくするつもりはないのだが、思想史研究者としてはこの論争をちょっと違った角度から見ておきたくなる。

一つは、自由主義的オーストリア対国家主義的ドイツという対立である。一八七一年に悲願の国家統一を果たしたドイツは、国民国家としてのアイデンティティ確立と、英仏につづく強国を目指して邁進していた。そのなかで、国家の隆盛に資する学としての国家学の一部となる国民経済学にも期待が高まっていた。つまりドイツ経済学はその出自と歴史的位置によって、国家的・政治的な要素と経済的な要素を切り離すことが難しく、そのため歴史や制度に重きを置くのは当然の流れであった（ただし、シュモラーを単純に国家主義者と捉えるのは誤りである。彼はビスマルクの政策とは一線を画する考えを持っており、労働者などの権利保障を重視していた）。

ここで注意してほしいのは、イギリスの経済学が理論的・演繹的な方向に行ったことが、ドイツと比べて自国の特殊な歴史状況から自由であったとはとても言えないことだ。イギリス人が自由貿易を主張したのはその国家的・帝国的利益からであって、無条件に自由が好きだからではない。つまりイギリスの政治的利益と、自由な主体による交換の経済学には深い関係があるということだ。二〇世紀後半のアメリカが自由貿易を全世界にごり押ししてきたのと理屈は同じだ。それぞれの国家の経済的な利害が、主流となる学派に如実に影響するのが、経済学というカネ勘定の学問の宿命ともいえる。「政治経済学」という名称を「経済学」に変えることで、学問の政治性を科学の装いによって覆い隠すという戦略も、こうした視点からすると姑息だが効果的だった。

ドイツは国家ぐるみの政策を通じて国民を鼓舞し、英仏に追いつこうと必死になっていた。その反面、いまだ「帝国」という古い政治形態を脱していないオーストリアは、ドイツからは遅れた国と捉えられていた。あとから見ると、ウィーンを中心とする当時のオーストリア＝ハンガリー帝国は芸術から哲学・数学、そして経済学や心理学などありとあらゆる分野での天才の宝庫だった。優れた頭脳がこの国に次々と生まれ、ウィーンへと引き寄せられた。「世紀末ウィーン」といわれる時代のこの地には、その後の悲劇的な国家崩壊によってヨーロッパとアメリカに散り散りになる運命の人たちが集まっていた。

いまふり返ると、国家主導の経済・社会政策と軍備増強によって先進国に追いつくことを目指したドイツの国家主義的傾向は、どうしても「ナチスに至る道」に見えてしまう。これは日本の近代が帝国主義に至る道に見えるのと同じである。これに対して、独特のカフェ文化、クリムトやマーラーの芸術の街ウィーンには、たとえばウィーン学団に、シュリック、カルナップ、ノイラート、ハーン、フォン・ノイマン、ゲーデルそして息子のカール・メンガーなどが参加し、ヴィトゲンシュタインとも交流を持った。シュレディンガー、ボルツマン、フロイト、ポパー、ポランニー兄弟など、ウィーンと縁が深い科学者や思想家を挙げればきりがない。

メンガーにはじまるオーストリア学派も、このような文化的背景の中で見ると、ナチの全体主義に向かって窒息していくドイツ・ナショナリズムに対して、古くて新しい帝国の都であるウィーンに開花した、自由で開かれた先進的経済学に見える。メンガーとシュモラーの論調を見るとこれは当たらずとも遠からずのイメージなのだが、世界一の先進国イギリスでの経済学の展開と時を同じくして、ドイツから後進国と見なされたオーストリアで、ドイツ的経済学に対抗する新しい潮流が出てきたことは興味深い。

またまた印象論になるが、私はドイツの思想はたいてい少し怖い。怖くないのはニーチェくらいだが、この人は別の意味で怖い。ヘーゲル、フィヒテ、リスト、ウェーバー、ハイデガーなど、大仰だったり国家主義的だったり、読むたびについつい「ナチスへの道」を連想してしまう。ところが、フロイトやカール・ポランニーやケルゼンは全然怖くない。ドイツ的な重厚さとウィーンの軽妙な洗練という違いは、文化的風土というものが思想に与える、ことばではうまく表現できない影響の深さを垣間見せるように思われる。

†メンガーの方法

だが当時のメンガーが身を置いたウィーンの、ヨーロッパにおける一筋縄ではいかない位置は、彼の立場がオーストリア自由主義者によるドイツへの挑戦という以上の、複雑で微妙なものであることも示している。これが二つめの論点になる。

そもそもメンガーの『国民経済学原理』は、ドイツ歴史学派のロッシャーに捧げられている。

本文中にもロッシャーやクニースなど歴史学派からの引用が多く、その影響を見てとれる。この二人はドイツ歴史学派の代表的な思想家で、ウェーバーも『ロッシャーとクニース』（一九〇三―一九〇六年）でその方法論を取り上げている。ちなみにこの晦渋な本で、ウェーバーは経済学方法論争にも関係する論点を数多く検討しており、ドイツでの方法論争はウェーバーを中心に「社会科学方法論争」としてより大きなフィールドでつづけられることになった。

歴史学派から影響を受けたメンガーが、なぜ彼らと異なった論じ方に向かったかにはいろいろ理由があるのだろう。さしあたりシュモラーとの論争では以下の点が興味を引く。まずメンガーは、自身の方法と歴史学派との違いは、演繹対帰納という図式では捉えきれないと考えていた。この論点は実はイギリスでの論争にも関係する。ミルは帰納論理の完成者とも言われており、帰納的方法を経済学でも使っていた。つまり問題は演繹か帰納かという推論技法の相違ではなく、事実を理論的な体系に結びつけるやり方にあった。

メンガーの『政治経済学の方法』第7章は、「経済人」に対する歴史学派の批判を扱っている。これは本書ですでに論じてきたとおりのものである。曰く、人間が完全に合理的で選択を間違えず、またあらゆることを知っており、しかも個人の経済的な利得動機だけに基づいて行動するなんてありえないというものである。こんな人間がどこにいるのだ、人間はもっと複雑だ、歴史を見ても周囲を見渡してもすぐに分かることだ、という批判である。

メンガーはこれに対して、そんなことは理論経済学者もよく知っていると言う。そのうえで、自然科学の例に訴える。たとえば化学で前提とされる「純物質」はこの世には存在しない。物理学におけるまったく摩擦のない面や、完全な等速直線運動も存在しない。化学や物理学について、それを理由に理論が無効だと言う人がいるだろうか。メンガーによるなら、経済学者が措定する「経済人」の前提も同じである。それは理論が、根本的で一般的な現象を明確にするために取り入れる理想化である。ウェーバー風にいうと、経済人は一種の「理念型」ということになる。

メンガーが目指したのは、歴史的事実を包括的に考慮に入れることで、徐々に完成度が高まるとしても決して完成に至ることのない、歴史学的な国民経済学体系の構築ではなかった。理論を完成するとは、際限なく事実を集めてくっつけることではないのだ。経済理論が行うべきは、人間の経済生活の中で最も枢要な、個人の財獲得に向けた努力とそれに基づく経済の仕組みについての体系を作ることなのである。できるかぎり多くの事実を集めるのではなく、雑多な現象の中から本質的なものを取り出し、それら少数の要素間の関係を明らかにする。それによって、一般的かつ精密な理論を作ることが重要なのだ。そして、この意味での一般経済学にとって本質的な前提の一つが、経済人としての人間なのである。

ここで、ドイツ歴史学派が統計学を大いに活用していたことを思い出そう。シュモラーたちが設立した社会政策学会は、ドイツ統計学の発展に寄与した中心的存在でもあった。イギリスの方法論争については、数字と量を重視する理論派対個別の事実と質を重視する歴史派、という整理がなされてきた。しかし少なくともドイツに限っていうなら、問題になるのは量か質かではなかった。統計データを重視したのは歴史学派の方で、オーストリア学派はそもそも数字をあまり使わない（ちなみに「オーストリア学派」の呼称は、ドイツ歴史学派が異端のメンガーたちを軽蔑して呼んだことからはじまったらしい。いま聞くとドイツ歴史学派よりずっとかっこいいが）。メンガーには、ドイツ流の社会統計は事実の際限ない蒐集の一つであって、精密科学とは相容れないと映っていたかもしれない。

これは、一九世紀半ばにフランスの医学・生理学者クロード・ベルナールが、人間の尿の成分について知るために、パリのそこら中の公衆トイレから尿を集めてきて調べても何も分からないと言ったことを連想させる。この場合、多く集めるほど無駄な感じになる。パリの公衆トイレの「平均尿」って何だ。これは、方法的前提を注意深く設定した上で、事実の中の適切な部分を抽出して取り入れなければ、ただのごちゃ混ぜの非科学的成果しか得られないという例である。メンガーがここで歴史学派の事実集めについて言っていることは、パリの公衆トイレの尿集めの批判に似ている。

†メンガーの神話化

メンガーは一九世紀のオーストリア人らしく教養が深く、学問的にもとても真摯(しんし)な人だった。『国民経済学原理』が参照する著者は、アリストテレスからドイツ・イギリス・フランスの一八世紀以降の経済学者に至るまで膨大である。彼は貨幣論についても独自の功績を残しており、主著である『国民経済学原理』の改訂のため一九〇三年にウィーン大学を辞職し、研究に専念した。それでも第二版を生前に刊行できなかったのは、その知的誠実のせいであろう。死後息子のカール・メンガーによって遺稿を整理して刊行されたこの第二版については、それが「社会の中での経済」へと視点を広げているとして、カール・ポランニーに高く評価された。

そのポランニーが指摘していることがある。それは、『経済学原理』第一版を決定版として扱い、第二版の存在を無視したハイエク(およびロビンズ、ナイト)のやり方であった。メンガーは経済現象の複雑さを、経済学の科学的な要請と両立させようとして苦労を重ねた。第二版を完成できなかったこと自体、純粋理論としての経済学は純粋力学や純粋化学と同じであるというところに、メンガー自身がとどまれなかったことの証左であるように思われる。

ではハイエクが行ったような、メンガーの功績を「純粋経済理論」と「限界革命の一角としてのオーストリア学派の創設」に限定しようとする動きを、どのように理解すればいいだろう。

すでに見たとおり、メンガーは一般的で単純な少数の要素間の関係から出発する経済学を、力学や化学の理論になぞらえた。ただしそれが経済現象のすべてを説明する原理ではなく、現実そのものの鏡でもないことを強調し、理論の適用範囲に限定を付した。だが、こうした論じ方にはやはり危険が伴う。

一つめに、ホモ・エコノミクスと純粋理論の経済学は、慎重に付されたはずの限定が忘却されることで、現実世界で「自由な欲望の発露」「自由市場」「自由貿易」などを擁護する論拠として、ある種の規範性を伴って用いられるようになっていく。人間の経済行動は、ホモ・エコノミクスを前提することによって純粋経済理論として定立できる→人間の経済行動は、ホモ・エコノミクスの原則に従うのが当然である、というふうに。

「科学」はしばしば、その適用範囲を地滑り的に拡大させる。その過程でいつの間にか、前提とされた事実に「規範性」が滑り込む。この場合なら、理論の前提として人間がホモ・エコノミクスであると仮定しよう→人間は事実としてホモ・エコノミクスだ→人間はホモ・エコノミクスとしてふるまうべきだ、となる。つまり、メンガーが付した限定はいつの間にか忘れられ、あるいはわざとなかったことにされて、政治的に利用されてきたのだ。ハイエクによるメンガーの一面だけを強調した神話化も、こうした政治的利用の一つである。

実はハイエク自身の自生的秩序論も、その秩序像が「進化」という時間性の中での制度の変容を不可欠の要素としているために、特定の市場秩序だけを擁護するものかは定かでない。だがハイエクは特定のタイプの経済秩序（自由市場経済）を擁護するために、自身の理論が新自由主義の政治的風潮によって雑に利用されることを黙認してきたところがある（重田『フーコーの風向き』第一〇章を参照）。これを私は「ハイエクがアメリカンコーヒーになる」と呼んでいる。アメリカンコーヒーについては、第三部で説明する。

4　ジェヴォンズと経済学の数学化

†何の比喩になっているのか？

さてつぎにジェヴォンズとワルラスを取り上げて、いよいよ経済学への数学の本格的な導入について見ていく。その前に二つ断りを入れておきたい。そのほうが以下の叙述が読みやすくなるからだ。

一つ目は、このあと見ていく物理学の数学の導入（コピペ）による限界効用の数学的表現が、ホモ・エコノミクスの思想史をたどるうえでどのくらい重要かについてだ。ここまで述べてきたことからも分かるとおり、ホモ・エコノミクスはとても抽象的で現実離れした人間像である。

そしてこのことは、それを経済学の中心に据える試みが現れた一九世紀からすでに指摘されており、歴史学派をはじめ多くの批判者を生んだ。

では、それでもなおホモ・エコノミクスが「経済人」として現在まで生き残っているのはなぜだろう。その理由を知るために、経済学が科学になろうとする強い志向と、それをかなえると思われた数学、とりわけ解析力学の数学が経済学に導入された経緯を知ることが重要だ。「人間離れした人間像」というのは語義矛盾のようだが、力学と数学の言語が用いられることで、ホモ・エコノミクスの人間像に独特の抽象性は、経済学の弱点ではなくむしろ強みであると捉えられたからだ。

二つ目は、ジェヴォンズやワルラスが訴えた、てこや天体などの力学的な比喩に関してだ。読者はこのあと次々出てくるこうした類比あるいは連想を読みながら、かなり当惑するだろう。もちろん彼らは物理数学をモデルとすることで経済学を厳密科学にするという使命に燃えていた。つまりこれらは大まじめな試みだった。しかし実際にやっていたことは手探りというか、本当にこんな類比が成り立つのかという疑問を誘発するものが多い。なんならトンデモ理論かと疑ってしまうかもしれない。だからそういうものとして読んでもらえばいいということになる。

これについては、次の例が分かりやすい。経済学の数学と物理数学の関係の思想史を非常に専門的に、つまり数式の意味理解に立ち入ってがっつり研究している、フィリップ・ミロウスキーという人がいる。ミロウスキーの『光より熱』によると、ワルラスは一八六〇年代にすでに、経済現象を物理学の法則を用いて表現することに関心を持っていたようだ。このときのワルラスの構想は、ニュートンの万有引力の法則の単純な当てはめだった。それは、「商品の価格は供給量に反比例し需要量に比例する」というものだ（Mirowski, *More Heat than Light*, p. 255）。これをそのままニュートンの方程式に当てはめると、距離（の二乗）が供給量、質量が需要量ということになる。質量＝需要量は価格を引き上げる「引力」の強さ、距離＝供給量は価格を引き下げる「引力を弱める力」のようなものなのだろうか。なんだかわけが分からない。

ここであらかじめ言っておきたいのは次のことだ。私自身、本書を書くためにワルラスやジェヴォンズの物理数学と経済学との数式上の関係づけ（というかコピペ）にかなり接してきたが、つねに「なんだかわけが分からない」ことに遭遇して戸惑いの連続だった。距離が供給量だとか質量が需要量だとか言われても、何が何と類比されているのかよく分からない。

ただし、ただ分からないのでなく、少しだけ分かるのだ。つまり、経済現象としてはたしかに供給量が増えると価格は下がり、需要量が増えると価格は上がるよな、ということは分かる。これを言い換えると、一方で直感的には納得できる量や数値の関係が経済学の対象の中にあることが納得されるが、他方でそれを物理学の方程式にあてはめると、需要量が質量とか供給量が距離とかの対応関係が理解不能で、とたんに真偽不明になるというわけだ。つまり、いくら量の関係として経験的に納得される経済現象が存在するとしても、物理学の方程式を使うことでそこに比喩以上の物理現象との照応関係が充てがわれることに困惑させられる。あるいはそれが比喩だとしても、何の比喩になっているのか理解できないのだ。

これらを念頭に、以下では経済学の数学化のはじまりで何が起きたのかの叙述に進んでいく。

†限界効用逓減とは

ジェヴォンズの思想の紹介に先立って、ここで簡単に限界効用逓減の法則について説明しておこう。まず効用 utility について。ユティリティとは役に立つことであり、中世には善と結びついて用いられていた。公共善とは公共のユティリティであった。ところが、人間にとっての善を快楽に還元するコンディヤックやベンサムの出現によって、快を与えるものが効用となっていく。

第一部で取り上げたとおり、善いものが善いのではなく快いものが善いというのは、倫理的な大転換であった。気持ちよくても善くないものがある、というよりむしろ快楽は悪であるというのは、キリスト教道徳では当然のことだったからだ。ところがコンディヤックやヒュームやベンサムは、この道徳を根底からひっくり返してしまった。快楽こそ善なのだ。さらに、快は感覚であるため主観的だが、快を与えてくれる対象から得られる満足の度合いとしての効用は、それが対象＝モノと結びつくために計測し比較することができると考えられるようになった。そのため効用計算と比較を通じて社会的な善（快楽の総計を増すこと）を追求するという目的で、とくにベンサムによって効用は功利主義の術語として用いられた。

次に限界について。限界は日本語ではギリギリのニュアンスで使われるが、ギリギリの満足の度合いというのは理解しにくい。だがここでの限界は英語の marginal の訳語で、marginal utility が限界効用だ。marginal は「へり」とか周縁の意味で、ここでは連続的な財や商品の獲得あるいは消費における「最後または最近の一追加単位」という意味での「へり」にあたる。たとえばりんごをたくさん食べるという平凡だがあまり起こらない例で考えてみよう。すごくおいしいりんごだ。はじめのうちは一口ごとに口内においしさとさわやかさが広がる。感激してどんどん効用がアップする。しかしだんだん飽きてきて、こってりした家系ラーメンが食べたい感じになってくる。そうすると、りんごをさらに追加で食べたときの効用の増え方は鈍くなる。

ではある時点での効用の度合い（強度あるいは勢い）はどうやって測ればいいのか。ここに「効用関数」なるものが登場する。そして、本当かどうか分からないが、効用が図のように曲線的に変化することにされる。この仮定の下では、追加の極小一単位のりんご（あるいはビール）による効用の増え具合は、その時点での曲線の勢いを表現するものによって測られる。曲線の勢いといえばある点での接線の傾きであり、この値が大きいほど勢いが強い。そして、接線の傾きといえば微分だ。つまり、効用関数を微分することで、接線の傾きとして数値化される特定の時点での効用の増え方、すなわち限界効用が値として分かるという仕組みだ。

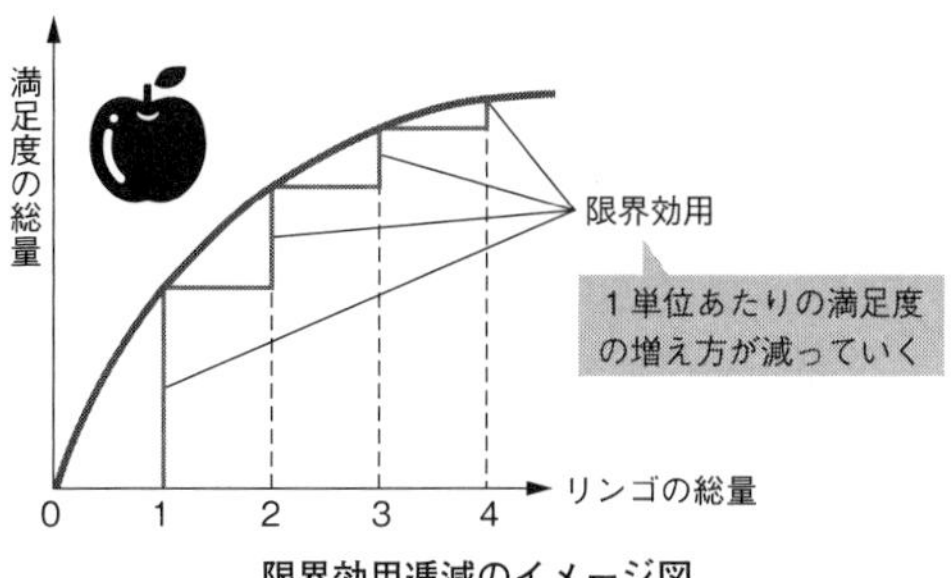

限界効用逓減のイメージ図

高校数学を忘れてしまっているとよく分からないかもしれないが、とにかく限界効用というのは、追加の極小一単位分についての効用の増え方（増分）と考えればいい。それがだんだん減っていくというのが、限界効用逓減の意味である。逓は漸と同じく「だんだんと」という意味だ。ここでの「だんだんと」は、図で示したように徐々に勢いを失いつつ曲線的に、ということになる。この限界効用の数式による表現が、限界革命という名称のもとになった、方法上の大きな変革を経済学にもたらしたのである。

†限界革命の担い手たち——メンガー・ジェヴォンズ・ワルラス

限界革命の担い手として名前が挙がる三人の経済学者、メンガー、ジェヴォンズ、ワルラスについては、次のような特徴づけがしばしばなされてきた。

まずメンガーは、ドイツ、フランス、イギリスをはじめとする経済学の歴史を十分に知り、それを『国民経済学原理』の中でも活用している。メンガーは、ガリアニ、チュルゴーなど、一八世紀フランスの価値論を仔細に検討し、経済学の伝統の中から限界効用の考えを抽出し洗練するとともに、それを方法的自覚に基づいて経済理論として表明した。また、メンガーが一九世紀前半「ドイツ古典派」が独自に展開した「使用価値論」を継承したという指摘もなされている。価値を使用価値として捉えることは、一般的には労働価値説の洗練以前の素朴なやり方と捉えられてきたが、一周まわってこれが最先端の主観価値説につながったというのは興味深い（原田哲史『19世紀前半のドイツ経済思想』9ページ、317〜321ページを参照）。ただしメンガーはその経済学説の中で数学的表現を用いず、限界効用逓減の法則やそれに基づく交換理論をことばで表現した。

つぎにジェヴォンズは、メンガーと同じく方法論的な関心が強かったが、それを経済学への数学の導入を通じて推進した。そしてメンガーがことばで表現した限界効用を数式とグラフで説明し、さらには二人が二物を交換する場面にまで進んだ。ここで一物一価の法則（一つの市場内での一商品の価格は一つであるという仮定）を導入して市場の均衡条件を数式で明示した。

最後にワルラスは、ジェヴォンズと同じく数学を用いて均衡条件を示したが、それをジェヴォンズのように一つの財や一組の交換を扱う部分（特殊）均衡だけでなく、多くの財を含む全体としての市場を扱う一般均衡にまで拡張した。これはワルラスの一般均衡理論と呼ばれるものである。

こうした整理がなされるなら、限界革命はワルラスで完成されたと言ってもよさそうだ。そのように考える研究者もいる。その一方で、三者三様の表現形式と独自性も強調されてきた。だから一般的には、それを誰か一人の功績とするのではなく、三人の代表的人物がほぼ同時に独立して、限界効用逓減の法則に基づく経済理論を打ち立てた、とされてきたのである（「限界革命」という概念がどのように議論されてきたかは、川俣雅弘「限界革命にかんする再考察」を参照）。

ちなみにこのあと述べるとおり、ワルラスとジェヴォンズとの間にはある時期から交流があったが、メンガーは彼らとは離れた存在だった。ジェヴォンズがメンガーに言及した形跡はなく、ワルラスとメンガーは互いの業績を知っていたが、メンガーはワルラスの数学的方法を評価せず、ワルラスもメンガーの主観価値説の表現のしかたを低く見積もっていた（Mirowski,

More Heat than Light, p. 259–260)。

†ジェヴォンズと数学——労働価値説と効用

私は三人の中で一番不思議なのはジェヴォンズのように思う。すでに指摘したとおり、メンガーはドイツやフランスなど大陸の経済学の知的伝統を吸収し、それを批判し彫琢する中で主観性（効用）と交換から出発する経済学を生み出した。またワルラスは、経済学への数学の導入に積極的であった父オーギュスト・ワルラスと父の友人の数学者クールノーから影響を受けた。しかも、フランス経済学には一八世紀以来主観価値説の伝統があり、イギリスの労働価値説中心の経済学史とは異なる展開を遂げてきた。コンディヤックからセイに至るまで、フランスでは主観価値説は労働価値説を凌駕（りょうが）しつづけた。ワルラスが効用の理論と経済学の数学化を受け入れる素地は整えられていたということになる。

労働価値説が効用の理論と相容れないのは、簡単には以下の理由による。労働価値説をはじめとする「客観価値説」では、商品にふり向けられた労働や資源、材料など、何らかの「実体」＝客観的存在に紐づけて価値を理解しようとする。それは、ある商品に需要側＝消費者が見出す快や効用といった「主観的」なものとは、異なった価値の源泉である。労働価値説は、人間労働という、交換の外部にある実質的な何か（ここでは労働する人の労苦や消耗、労働力再生産のための食事や休息の必要）と結びつくため、客観的な特性を持つ。これに対して人が商品に対して抱く欲望は、「心」から発するという意味で主観的である。物質世界ではなく心に源泉を持つ主観価値説は、外部の物理的世界から切り離すのが容易であるために、経済学の形式化になじみやすいという特徴がある。

さて、ワルラスと比較した場合、ジェヴォンズはどうだろう。ここで、彼が一八六二年に口頭発表した「経済学の一般的数学的理論の概要」を見てみよう。この短い論考は、経済学が扱う快楽と苦痛の対象は何を含むかから説き起こし、モノとの関係で効用とは何かを説明する。そこですでに微小な量や効用関数に言及し、限界効用逓減の法則を、数式を用いずにではあるが数学的表現で語っている。さらに二者間の交換を比率によって捉え、交換方程式の存在を示唆する。ここから資本と利子率への簡単な言及があり、論考は終わる。つまりこの時点で、一八七一年に『政治経済学理論』で数式を使って明示される、限界効用逓減とそれに基づく交換の原理が、アイデアとしてはっきり表明されていたということになる。

†ジェヴォンズは限界効用逓減をどこから思いついたのか

ではジェヴォンズは、一体どこからこうした着想を得たのだろう。ウィリアム・スタンレー・ジェヴォンズ William Stanley Jevons（1835-1882）は一八三五年、イギリス・リヴァプールの鉄鋼商の家に生まれた。幼い頃から数学、生物学、化学などの理系教育を受け、自然科学を学ぶためにロンドンのユニヴァーシティ・カレッジに進学した。小さいころは植物学と地質学が好きであったというから、自然の世界に魅了された少年だったのだろう。それに加えて、彼はロンドンそしてのちに職を得て赴任したオーストラリアのシドニーで、社会問題にも興味を持ったらしい。

この時期のジェヴォンズについて言えることとして、まずユニヴァーシティ・カレッジ時代に、ド・モルガン（ド・モルガンの法則の人。これが何なのか全然分からないが、数学の論理式に関係する法則である）から数学を教わり、その後もド・モルガンの教科書で勉強をつづけた。また一八五二―五三年には、静力学、動力学、流体静力学、流体動力学、音響学、光学、電気学、天文学を含む基礎的自然科学を学んだ。さらに、一八五七年にはケトレの『人間に就いて』（一八三五年）を読み、人間を因果の連鎖として捉えることができると考えるようになった。

またこのころすでに、政治経済学と人間に関係するさまざまな知識との関係を、純粋数学と力学や天文学など他の自然科学との関係に似たものとして捉えようとしていた。政治経済学は純粋数学に相当し、その他の人文学は力学や天文学のような応用科学にあたると考えたのだ。そしてオーストラリアで鉄道問題に興味を持ったところから、経済学に時事的な観点からも魅力を感じるようになる。つまり、ジェヴォンズはもともと理系教育を受けており、一度オーストラリアで職を得てから経済学に目覚めた。その経歴から、彼が経済学に数学を用いようとしたことは納得できる。

父の急逝でいったん職に就いたものの、学問への情熱を断ち切れなかったジェヴォンズは、ロンドンに戻ってユニヴァーシティ・カレッジに再入学し、そこで一八六〇年六月には限界効用逓減の考えに達していたことが、兄宛の書簡から知られている。ちょっと笑える話だが、この年の彼の成績は、精神哲学は一等であったのに、経済学は三等か四等の低いランクだったそうだ。このころから周囲の無理解にさらされ、イギリス経済学の伝統である労働価値説が自らの理論にとって桎梏となっているとの思いを抱いていたジェヴォンズは、リカードウとミルに代表されるイギリス経済学をのちに猛烈に攻撃するようになる。

ではいったい、ジェヴォンズはどこから限界効用逓減を思いついたのだろうか。快楽と効用のアイデアがベンサムから来ることは何の不思議もない。だが、経済学理論を表現する際の全面的な数式の使用、そして市場の交換を力学の「てこの原理」からの類推で捉えるという着想をどこで得たのだろう。ジェヴォンズは長きにわたってイギリスでは冷遇され、彼が自らの賛同者、というより非常によく似た理論の提唱者を同時代に見出し驚いたのは、はるかスイス、ローザンヌにいるワルラスの理論を知った一八七四年のことであった。

しかしこのときには、二人の経済学者はそれぞれ独立に、限界効用逓減の法則に基づく均衡理論を数学的表現で確立した後だったのだから、やはりジェヴォンズの独創性がどこから来たのかは不思議なままである。限界革命が革命的だったとするなら、それは①効用に基づく経済学の体系的徹底、②限界効用逓減の法則とそれに基づく「パレート改善」的な交換条件の明示、③これらを微積分法を用いて解析数学で表現すること、の三点に求められるだろう。そのうち①と②はメンガーにも認められる。だがジェヴォンズとワルラスが達成した③の重要性は、その後の数理経済学の発展と、逆にそこで何が「失われた」かを考えると看過しがたいものである。

大変申し訳ないことに、ジェヴォンズがなぜあのような独創的理論に達したかはやはり謎だ。もちろん彼が学生時代に理系教育を受けたことは関係しているだろう。だがそれが経済学を数学と結びつけることを必定とするわけではない。また、とくに力学の「てこの原理」と結びつけた理由は分からない。ということで、まるでNetflixの犯罪ドキュメンタリーのようにモヤッとした結末になってしまった。以下では気を取り直して、ジェヴォンズが経済学に数学、とりわけ解析学を導入し、力学の法則からの類推で経済現象を捉えた経緯を見ていこう。

†限界革命の先駆者たち——効用の経済学史

はじめに、ジェヴォンズ『政治経済学理論』第二版の序文および「付録5」の文献表を参照しつつ、効用の経済学の歴史について簡単に述べておく。快楽と苦痛の倫理学を数字や比率によって表現しようとした最初の人として、ジェヴォンズはハチスンを挙げている。本書第一部で取り上げたスコットランド啓蒙の、あのハチスンだ。快苦を足し引きしたハチスンは、ベンサムに先駆けた数理化の元祖ということになるかもしれない。ジェヴォンズ自身は知らなかったようだが、この時代においては、ダニエル・ベルヌイの一七三八年の論文が重要である。ベルヌイは限界効用逓減の法則をほぼ完全な形で解析数学を用いて表現していた。ベルヌイがなぜこんなことをやろうとしたかには、当時の「事象の確率」と「人の信念や決断」との関係をめぐる、かなり洗練された確率数学の議論が関係している。これについてはあとで解説する。

一方で、価値と効用の関係を明晰に表現した最初の著作として、ジェヴォンズはコンディヤックの『商業と統治』（一七七六年）を挙げている。これはフランスの「欲望の経済学」の系譜上の著書である。

それにつづいて、フランスの土木技師ジュール・デュピュイの重要性が強調される。デュピュイの「公共事業の効用の測定について」（一八四四年）は、公共事業における効用の測定とその影響を主題としている。ただしデュピュイの説明は幾何的で、代数式を用いたものではない。デュピュイは土木学校出身のいわゆる「エンジニア・エコノミスト」で、フランスの土木工事と社会資本整備のために尽力した公務員である（直訳すると「橋と道路の学校」である土木学校は、名称のイメージに反してエリートだらけのグランゼコールである）。この人は予算制約の中での公共事業の効率性という問題を数学的に解決しようとした、「費用便益分析の父」と呼ぶべき人物だ。

そして、ジェヴォンズがデュピュイとならんで高く評価するのは、クールノーと、彼が最近になって知ったというゴッセンである（他にチューネンの名も挙げられている）。この人たちが効用学説とその数学的表現の嚆矢であることは、現代ではよく知られている。しかし当時のジェヴォンズにとっては大発見だったようで、とくにドイツ人であるゴッセンについては、ドイツ語は理解できないが、と断りつつ、大変興奮した様子で報告している（ジェヴォンズはフランス語は読みこなしたがドイツ語は読めなかったようだ。とても親近感がわく）。

†ゴッセン――忘れられた近代経済学の先駆

しかし、ゴッセンの限界効用と需給に関する式は直線を用いており（次ページの図を参照）、微分方程式の着想を利用していない点がジェヴォンズにとっては残念だったようだ。ここでゴッセン Hermann Heinrich Gossen（1810–1858）について紹介しておこう。読者の多くは、二度とゴッセンの名に出会うことはないだろうから、彼への敬意を込めて書いておくことにする。主な情報源は『人間交易論』の池田幸弘による解説である。

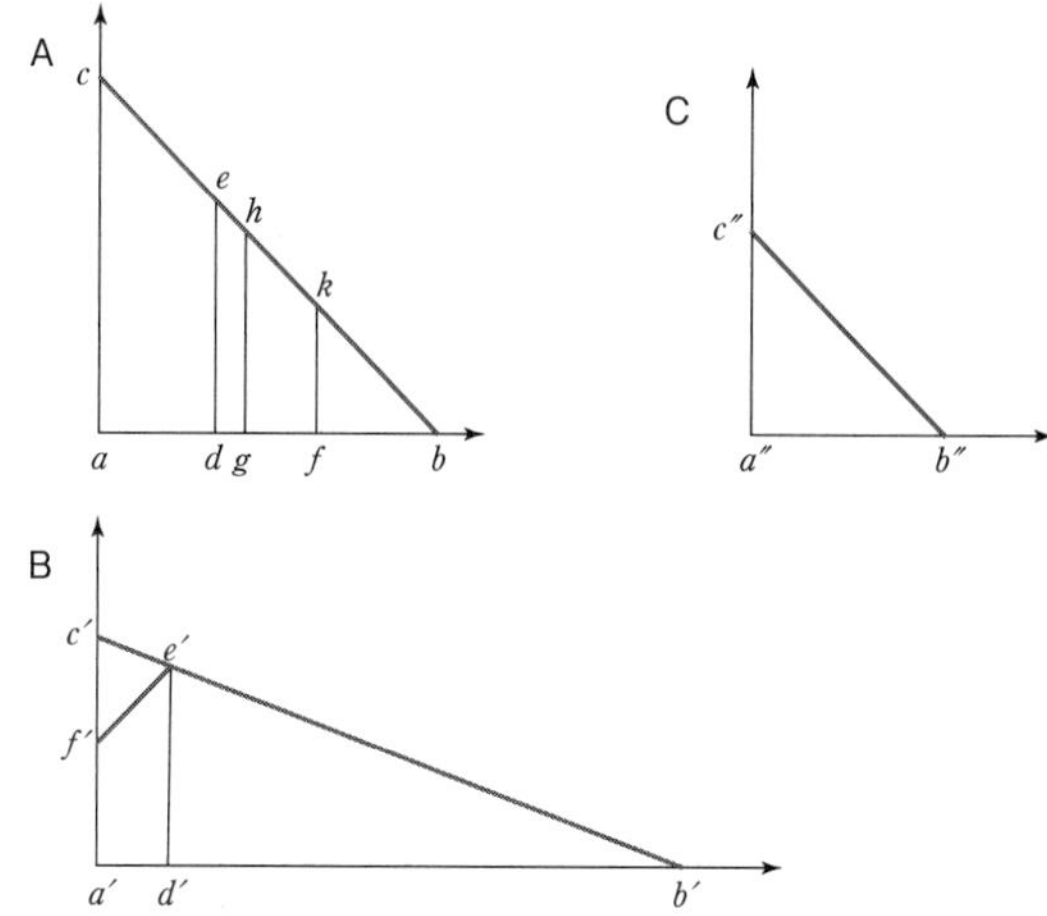

A, B, C のどの要素をどの量ずつ選択するかの図
（効用〔縦軸〕の逓減を量〔横軸〕との関係で直線を用いて表現。
ゴッセン『人間交易論』17 ページ）

ゴッセンはまさに忘れられた近代経済学の先駆である。それを言うなら、ジョヴァンニ・ボテロもジャン・ボダンもクールノーも先駆だが、何がすごいって「不過度」がすごい。この人は生涯独身で、せっかく得た官吏の仕事もクビになり、保険業で生計を立てながら独自の経済学を構想した。だが残念なことに、まったく無名のまま四七歳で死んだ。しかもチフスにかかった上に結核に感染して衰弱死したとは、弱り目に祟り目だ。

ゴッセンは一八一〇年、ケルン近くのデューレンに生まれた。ボン大学とベルリン大学に学び、国家学の講義を履修したことが分かっている。国家学が経済学をどのように懐胎したかはドイツ経済学史の興味深い一コマだが、ゴッセンへの影響は不明である。二四歳で官吏（当時ケルンはプロイセンの一部だが、ゴッセンがプロイセンのどこの官吏だったかは不明）となるが、仕事に身が入らなかったようで、三七歳で辞職させられる。

ゴッセンは著書の序文に、「コペルニクスが宇宙界の説明についてなしえたことを、私は地球上の人間についてなしえたと考えている」と記している。その無名度を考えると少し痛々しいくらいだ。そして自分をコペルニクスになぞらえるなんて図々しいかもと少しはにかみながら、もし自分が十分にこの新しい理論を広められなくても、やがてその志を引き継いでくれるケプラーやニュートンが現れるだろうと言っている。ケプラーがジェヴォンズでニュートンがワルラスと考えると泣けてくる（ゴッセンの数学について知りたい人は、Mirowski, *More Heat than Light*, p. 210–217を参照）。

ではこの著書、正しくは『人間交易の法則と、そこから導き出される人間行為の規則の展開』（一八五四年）はどのような運命をたどっただろう。無名の出版社からひっそり出された同書はまったく売れず、反響も皆無だった。ゴッセンは死のひと月前、売れなかった分を全部版元から引き取ることになったという（そのため初版は現在稀書となっている）。マッチ売りの少女みたいで悲しい。

著書はワルラスとジェヴォンズに見出されたのち、一八八九年に第二版、一九二七年に第三版が刊行された。第三版にはハイエクの序文がついている。ハイエクがゴッセンを気に入ったのは当然で、ゴッセンはウルトラ自由市場主義者だった。「創造主は、利己心のみが物質的あるいは精神的な福祉にかんする技術、あるいは科学に持続的に貢献するようにされた」(『人間交易論』307ページ)というフレーズは、マンデヴィルを思わせる。ちなみにハイエクはマンデヴィルも大好きだ。

実はゴッセンの日本語訳はドイツ語第三版より前、一九二〇年に福田徳三の勧めで手塚寿郎によってなされている(『ゴッセン研究』同文舘)。英訳がやっと一九八三年に出たことを考えると、日本のドイツ学問へのアンテナの感度はすごいものだ。英語版の序文は『エントロピー法則と経済過程』で著名な、あのジョルジュスク゠レーゲンである。フランス語訳はワルラス自身がスクレタンとともに行ったが、行方知れずとなっていた。その原稿がイタリアやドイツの複数の経済学者の手を経て発見され、一九九五年になって刊行された。

ジェヴォンズは一八七八年の時点で、友人のアダムソンからゴッセンの著書の存在を知らされ、内容の概略も聞き知っていた。ジェヴォンズからゴッセンの存在を知らされたワルラスは翌年、図書館で同書を借りて仏訳する。さらにワルラスは、大学人を介した執拗な調査によってゴッセンの甥にたどり着き、この人から情報を得て、「知られざる経済学者——ヘルマン・ハインリッヒ・ゴッセン」(一八八五年)を書いた。

こうしてゴッセンの業績は日の目を見た。著書の劈頭(へきとう)に掲げられたシラーの詩や、ところどころ荘厳な文体、そして市場主義者なのに堂々たる土地国有化論者でもあったというワルラスと共通する奇妙さなど、個性あふれる著書である。限界革命に先駆けた業績ということは十分分かっていても、無駄にゴシック的な雰囲気が、ジェヴォンズやワルラスとは異なった前時代性を感じさせる。ともかくこの人は、限界革命に最も近い経済学者だった。

†ベルヌイと数学の応用

このように見てくると、効用学説とその数学的表現にはたしかに先駆があり、これらの幾分孤立した先駆者の方が、なぜそんなことを思いついたか不思議と言われれば不思議である。このなかで、先駆者にもほどがあるベルヌイについては、少し事情が分かる。当時この人は賭博や保険のかけ金と期待値をめぐる問題に頭を悩ませていた(具体的問題としては、聖ペテルブルクのパラドクス)。確率論が目覚ましい発展を遂げつつあった時代の話である。また、微積分法も当時の数学では発展途上の新領域で、欧州一の数学一家ベルヌイ家のホープであったダニエル・ベルヌイが、確率数学と微積分法の腕試しにこの問題を論じたくなったのもうなずける。ベルヌイにおいては、近代経済学におけるモノの量と欲求充足との関係が、かけ金とそこから得られる利得への期待としての期待値と関係づけて捉えられている。

また、ベルヌイは賭け、デュピュイは公共事業を題材に、同じ問題に迫った。このことから分かるのは、限界効用逓減は市場における交換とは別の場面でも、費用対効果が問題となるケースで広く論じられうるということだ。これがのちに経済学の垣根を越えた、ゲーム理論や社会的選択理論との結びつきを生んだ（本書第三部を参照）。また、ベルヌイは数学の応用範囲を拡張するという目的で、欲望の漸減と賭けの成立について取り上げた。

これに対してジェヴォンズやワルラスは、逆に経済学の記述の方法を拡張するために数学を用いようとした。ここでジェヴォンズやワルラスについて注目されるのは、彼らの経済学が力学の方程式を有り体に言って「コピペ」している、その赤裸々なやり方である。またそのコピペっぷりを、二人とも堂々と公言し、むしろ自説の正しさの証明のように誇っていることである。

†効用と稀少性

ジェヴォンズは『政治経済学理論』において、経済学の数学化宣言をしたあとの本論を、快楽と苦痛の「量」による計測の問題からはじめている。ここに出てくる人間は、自身の快苦を比較考量して商品（産物）commodity を蓄えまた消費する、ホモ・エコノミクスである。この人間は、効用と稀少性という二つの要因からその判断と行動を理解できる。対象物が稀少であれば人はそれをより強く欲し、同じものを多く消費するほど追加一単位あたりの効用は減少する。ジェヴォンズはこれを、横軸に商品の量、縦軸に効用の度合いをとった場合の効用曲線として表現する。

だが、効用が快苦の感覚というそれぞれの人の主観に基づく以上、それを計測し比較するのは容易ではない。ベンサムは快苦を量として捉えることに積極的で、個人間の差異や快楽の質といった問題を重視しなかった。のちにこれが大きく批判され、快苦の計測と比較は功利主義のアキレス腱となる。そのため効用を個人間で比較し順位づけることの困難を回避することが、数理経済学にとってはとりわけ重要なテーマとなった。

実はジェヴォンズは、このことを十分承知していた。二人以上の間での効用の比較が不可能なことは、彼の議論の前提である。そのため、限界効用から均衡導出に至る過程では、個人がそれぞれ有する効用関数以外の条件は付されておらず、したがって個人間の効用の比較は不要である（ただし、ジェヴォンズが食料などありふれたモノへの欲望だけを取り上げている点で、快楽の質の問題は残る）。また個人についても、効用の度合いの変化だけが重要で、実質的な効用の量の計測なしに、議論がすべて成立する作りになっている。これについてはシュンペーターが指摘している（『経済分析の歴史』〔上〕）。

効用から出発するジェヴォンズは、効用を与える産物が分割可能であると仮定する。たとえ

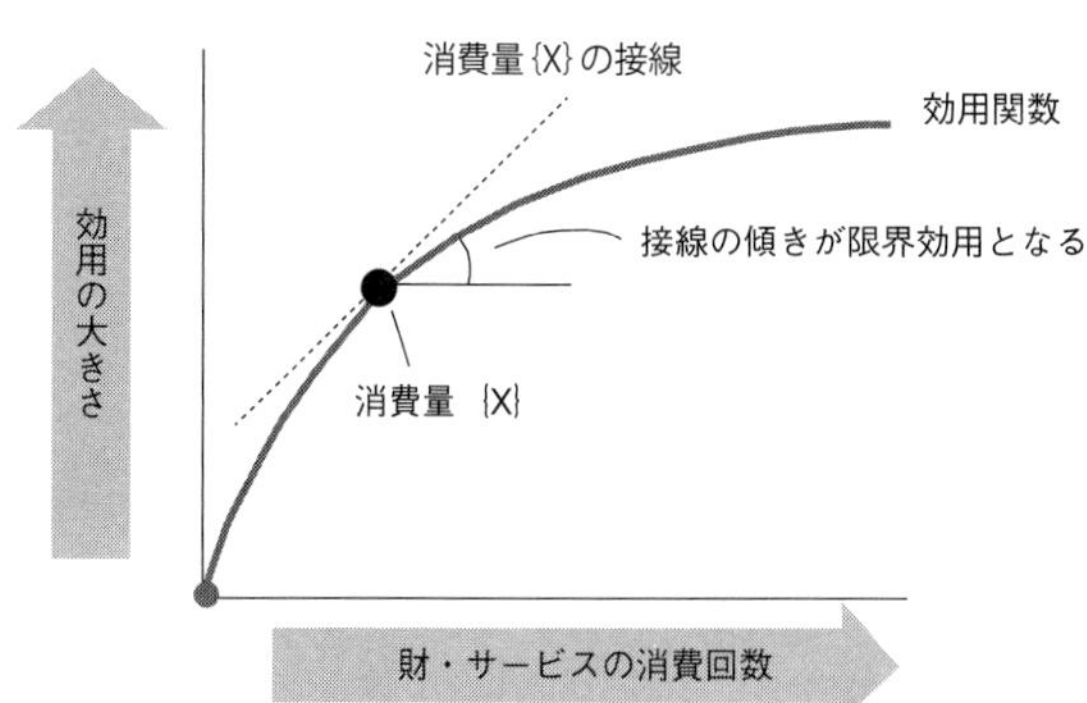

限界効用と微分の関係を示すイメージ図

ば世界に一つしかないダイヤモンドの場合、分割もできず追加の消費もありえないので、徐々に増えたり減ったりする関数関係は成り立たない。ジェヴォンズは限界効用逓減の説明にあたって、多く消費するほど要らなくなるという感覚に訴える例として、食物を用いている。食物は細かい単位に分割でき、またそれを一単位ずつ多く消費した際、新たに得られる満足が徐々に減退していくことは、感覚として分かりやすいからだろう。ジェヴォンズは単位を無限に小さくしていくことによって、満足の度合いの変化を示す効用曲線が得られるとする。この「無限小への分割」の発想は微分法そのものである。

曲線は極度の空腹時の一単位あたりの満足が最も大きく、食物を摂取する量が増えるにしたがって急速に満足の増え方が鈍くなる。そのため途中からは曲線の傾きが緩やかになり、新たに得られる満足はゆっくりと減少していく。ここで効用曲線上のある点における効用の強さは、食物の量によって変動する効用の総量の微分係数として表現される（限界効用の説明のところで述べたとおり）。これは効用曲線上の任意の点において、点から最も近い無限小の間に消費された無限小の食物によって引き起こされた、効用の度合いを意味する。高校数学の微積分で表現するなら、任意の点における新たな無限小量の消費がもたらす追加の効用（限界効用）は、その点における効用曲線の接線の傾きとして理解できる（詳しくは、ジェヴォンズ『政治経済学理論』38〜52ページを参照）。

†市場の均衡

ここで注目すべきは、ジェヴォンズが単位を無限に小さく分けられる商品（産物）を例にとっていること、その場合の限界効用（ジェヴォンズのことばではfinal utility/terminal utility）逓減のあり方は曲線的だと仮定していることである。これは現実の財のうちどれほどがそれに当てはまるのか、満足の減り方はなめらかな曲線で表現できるのかという、理論の根拠や説明能力の問題を投げかける。

そもそも無限に小さく分けられるものなど存在しない。また、私たちは無限小の食物が感覚に与える影響を感知できないだろう。さらに限界効用が、ジェヴォンズが考えるような曲線の形で変化するかどうかも分からない。私たちは日常経験から、水や酒や食品などを思い浮かべて、ジェヴォンズの所説がとりわけ「食欲」に関わる場面では大まかには正しいような気になる。

だが効用の逓減がある特定の曲線に従うなどということは、まったく確信が持てない事柄である。そもそもりんごがビールに置き換わっただけでかなり怪しくなる。ビールは一杯目がおいしいというが、二杯目以降お腹がだぼだぼになってきて急速に効用が減る。しかしそれでも飲みつづけていると、なぜかかなり酔いが回ったところで突然無性においしくなっていくらでも飲めるのだ（なお、この話は私の乏しい経験でしかなかったが、映画「アナザーラウンド」にこれと同じ説が「哲学者」の研究成果として紹介されていた。誰の説かは不明だが、「アルコール0・05％ルール」のもとになったデンマークの哲学者フィン・スコルドゥール Finn Skårderud かもしれない）。

なお、ワルラスは曲線が不連続な場合も想定して論じている（『純粋経済学要論』第8章、88ページ）。また、ジェヴォンズは分割不可能なものの取引についても、交換の前後での効用変化の条件は明らかにできると言っている（『政治経済学理論』90〜95ページ）。

ジェヴォンズは、商品の価値というのはそこに加えられた労働や原材料とは無関係に、市場における交換の比率によって決定されると考える（交換条件における客観価値説の排除）。そしてこの交換の比率は、市場参加者による各商品の「欲しい度」によって決まる。これはメンガー、ジェヴォンズ、ワルラスに共通する主観価値説の立場である。ジェヴォンズはフランス経済学の伝統の中で、コンディヤックがすでにこのことを明確に主張していたという。たしかにコンディヤックの時代、フランスでは他にもガリアニ、グラスラン、チュルゴーなど、主観価値説をとる多くの論者がいた。

価値の主観性については、たとえばものすごく苦労して作ったものでも、欲する人がいなければ値段がつかない（つまり市場では無価値である）ことはよく理解できる。逆に、つげ義春の漫画の主人公が多摩川で拾った石だって、売れれば商品になる。だがそのためには、売りたいと思う人と買いたいと思う人が出てきて、交換が成立しなければならない。つげ義春の場合には、とうとう買いたいと思う人は現れなかった。

ジェヴォンズは売買の成立を、貨幣を導入しない物々交換を例に説明する。市場価格が均衡に収斂（しゅうれん）することを示すため、ジェヴォンズは「交換団体」や「仮構的平均」という集合性を導入して、市場における一物一価の法則を説明する。ここには集合性の仮定があるものの、交換成立の説明そのものは一対一の二者モデルで行われている。交換されるのは穀物と牛肉である。穀物を持つ側、牛肉を持つ側それぞれが、穀物／牛肉について効用関数を有している。穀物と牛肉が一〇対一の重量比で交換されるとして、穀物を持つ側にとって一〇の穀物を失うことより一の牛肉を得ることの方が高い効用を与えてくれる状態にあれば、この人は交換を望むだろう。牛肉を持つ側にも同じことが言える。交換はいずれかあるいは双方が、これ以上交換しても効用が増えないかむしろ減るというところで終わる。これが均衡点となる。

ここで交換比率が一定とされているのは、市場における価格決定の原則に反する想定のように見えるかもしれない。これについては、多くの人が参加するたとえば株式市場のようなところでは、個々の参加者に交換比率を変える力はないという前提で、比率が固定されている（一物一価の法則）。これは全体としての巨大市場に対して、個別の売買は無限小に近いという理解である。こうした巨視的視点の導入、あるいは大数や平均を持ってくることで個別の取引がある法則に従うと見なす考えは、ワルラスにも見られる。

これをどう理解すべきかについては、ミロウスキーが次のように述べている。ミロウスキーによると、この集合性あるいは市場の匿名性の仮定（ワルラスの場合には有名な競り人のいる市場の想定）による一物一価の法則の導入は、効用概念がもたらす深刻な問題を回避するために、こっそり裏から導入されたものである。たしかにジェヴォンズの議論をたどっていっても、一物一価が成立する数学的条件や市場のあり方についての分析はこの先も出てこない。あらかじめ価格が定まっていることによって、ジェヴォンズは交換成立における効用の個人間比較をなしですますことができる。しかしもし一物一価という条件がなかったとするなら、価格と交換される量を同時に決定するためには、当事者の効用に共通する尺度が設定されなければならないということになる。

ミロウスキーはこれを、均衡を示す式の積分可能性という問題と関連づけている。それによって、物理学におけるエネルギー保存則と市場の価格決定とが同じ均衡式で表現できるというアナロジーがここで破綻することを指摘している。また、岩井克人や西部忠は、「競り人」のいる市場を標準モデルとすることの奇妙さを以前から指摘していた。岩井の場合、この疑問はヴィクセルの「不均衡動学」の探求へと結びついていく。西部は市場像の多様性の検討から、進化経済学と経済の分散性の探求に向かった。

†てこの原理との類比

ジェヴォンズに戻ろう。彼は交換が成立する状況をグラフで示したうえで、均衡を微分方程式で表す。そしてそれが、力学における「てこの原理」とまったく同じ式になることを指摘する。てこの釣り合いを静止状態として捉えると、一方のおもりが重く、支点からの距離が遠いほど、釣り合うには他方の側に大きな力が必要になる。小学校の理科で習ったとおりだ。しかしいったん釣り合ってしまえば、状態は変わらない。では、釣り合いに至る動きと釣り合った状態を両方一度に理解するにはどうしたらいいのか。物理学における微積分法の導入は、ここに関係している。それは釣り合いを、支点の左右に無限小の力がかかってもてこが動かない状態と捉えなおすことで理解する。つまり、てこの均衡点は、てこにおけるエネルギー極大化点として解析学的に理解され、古典力学と解析力学がこれによって橋渡しされたのである。

そしてこのエネルギー極大化点としてのてこが釣り合う点は、先ほどのジェヴォンズの説明によるなら、市場における二者の交換がもはやこれ以上なされない均衡点（効用極大化点と一致する）の場合と同じになるということだ。そして両者の数学的表現も同じになる。

これはとても当惑させられるたとえなのだが、ジェヴォンズは二者の間での効用が均衡する点を、まるでてこの左右のおもりが釣り合ってそれ以上動かなくなる点であるかのように捉えたということになる。おもりは商品で、それがある瞬間に作用点を押し下げる力がその時点での効用の度合いである。その力が無限小量プラスされても（無限小量の消費の増大による効用の増加分）マイナスされても（無限小量の消費の減少による効用の減少分）、もはやてこが動かない点（それ以上の交換がなされない点）が均衡点となる。

ここで、てこの支点からおもりまでの距離の比は、二商品の交換比率である。一定の効用を与えてくれる商品を携えて市場に登場する人間は、てこの原理と同じ法則に従って行為する存在なのだ。そして、効用曲線に基づいて行動するこうした人間たちをもとにして、ジェヴォンズの経済学は展開していく。

ジェヴォンズは、『科学の原理』という論理学と科学方法論を扱った著作で、人間の生というものを、熱や電気、力学におけるエネルギーと同一視している（経済学の数学化におけるジェヴォンズの後継者であるエッジワースも、力学の最大エネルギーと道徳科学の最大快楽を同一視している）。ジェヴォンズは、科学が進歩したなら、人間の脳の働きもすべて物質の量とその変化に還元できるかもしれないと考えていた。そして、重力そのものを測定できないように意思そのものも測ることはできないが、振り子の振動を通じて重力を測定できるのと同じように、「市場の価格表」を通じて意思という振り子の振動を測定できるという（『政治経済学理論』9ページ）。さらに、最も単純な二物間の関係の規則から一般的な万有引力の法則へと進む力学の道行きと、二者間の交換関係から一般的な市場の均衡へと至る経済学とは、説明のあり方としても似ていると考えていた。

5　ワルラスと力学の世界――物理学と経済学

†ホモ・エコノミクスと力学

エネルギーとか解析とかてことか言われて、そろそろ嫌になってきたかもしれない。もうちょっとなのでがんばってもらうことにして、三人のおわりにワルラスについて見ておこう。ワルラスはジェヴォンズと同じく、二者モデルの交換における部分均衡を、てこの原理（てこのエネルギー極大化原理）との類比で捉えていた。また一般均衡についても、天体のエネルギー極大化原理という力学との類比で語っている。以下ではこうした点について、一七―一八世紀の力学・物理学の展開を織り交ぜて解説する。それによって、ジェヴォンズやワルラスが依拠した力学との類比が、何と何とを同一視することで成り立っていたかについて考える。

こんなことがホモ・エコノミクスとどう関係するのかと思われそうだ。だが、完全情報や完全合理性といったホモ・エコノミクスの条件の説明だけなら、各自ネット検索で調べられる。本書がホモ・エコノミクスの「思想史」である以上、それがどのような知的背景や新たに借りてきた道具によって肉づけされていったかは重要である。限界革命の時代、ホモ・エコノミクスが単なる欲望の解禁ではない意味や利用法を得たのは、経済学の数学化と同時に、力学との類比を通じてなのだ。

これは、この時代までの経済学には見られなかった特徴である（ただし、自然科学からの概念の借用や秩序像の類比自体は以前からなされていた）。しかもワルラスとジェヴォンズの奇妙な置き土産と言ってよいもので、その後は経済学の均衡の説明の中でも強調されることがなくなり、歴史に埋もれていく。経済数学の洗練によって膨大な数式が生まれ、処理されるようになるにつれて、原点にあった発想としての力学や自然エネルギーとの類比はむしろ邪魔になったということだろう。解析数学を用いた経済学は、やがてそうした類比や比喩なしに自立し、方法論としてもとくに問題ないものと見なされるようになっていく。私自身、荒川章義『思想史のなかの近代経済学』を読むまで、この奇妙な話を知らなかった。だが力学との類比には、人間の経済的営みを抽象化するとはどういうことかを考える上で、思想史の一エピソードを超えた重要性があり、改めて論じるべき事柄なのだ。

†ワルラスと解析数学の導入

レオン・ワルラス Léon Walras（1834–1910）は一八三四年、フランス・ノルマンディーのエヴルーに生まれた。父オーギュスト・ワルラスは『富の性質および価値の起源』（一八三一年）などの著書がある経済学者であった。だが当時の状況では、限られた経済学のポストを得ることはできなかった。注目すべきは、オーギュスト・ワルラスはエコール・ノルマルでクールノーと出会い、経済現象を数学で叙述するというその新奇な試みを支持し、のちにレオン・ワルラスにもそれを推奨したことである。

しかしワルラスは、当時も今もフランスの理系エリートが進学する理工科学校に、数学の成績が及ばず入学できなかった。代わりに国立鉱山学校（理工科学校、土木学校と並び称されるグランゼコール）に進学するが、そこでの実用的教育が肌に合わず、協同組合論やサン・シモン主義にかぶれて中退してしまった。その後はレオン・セイ（ジャン＝バティスト・セイの息子）と共同で設立した協同組合銀行の代表となったが、数年で経営破綻する。だがワルラスは、土地国有化論者である父の影響もあり、社会正義の追求という使命を捨てなかった。

彼が一八七〇年にローザンヌ大学に職を得たのは、実はこの土地国有化論とも関係する租税制度についての学会報告がきっかけであった。重要なのはそのポストが数理経済学によって得られたものではない点だ。ワルラスがフランスの学界で疎まれたのは、当初はその数学によるのではなく、むしろ社会主義的と見なされた土地国有化論や租税論が理由であった。

ちなみにワルラスは一八六〇年前後に、正統派自由主義経済学者の機関紙、『経済学者雑誌 Journal des Économistes』の編集に携わった時期があった。ほどなくしてこの雑誌から拒絶されたが、これも自由放任とは相容れない彼の思想信条による。主流派と対立していた社会経済学者シャルル・ジッドが創刊した『政治経済学評論 Revue d'économie politique』が一八七七年に創刊され、ワルラスはそこに発表の場を見出す。しかし『経済学者雑誌』の方にも生涯に計一五本の論文を発表した（前述のゴッセン論を含む）。

父ワルラスは経済学において、生産よりも効用と交換に注目したが、これはすでに述べたフランス経済学の主観価値説の伝統に則ったものだった。父の教えである土地国有化論を支持し、協同組合に強い関心を持ったワルラスは、ローザンヌ赴任前は社会経済学者の範疇に入る人物だった。ただし、一八六〇年代にすでに数学による経済学の表現というかなり大風呂敷な構想を持っていた。これはすでに述べた万有引力の法則と市場の価格決定をダイレクトにつなげるという、やや乱暴だが後のワルラスの学問的道程を予見させる野心的な試みである。

彼の経済学が数学的な根拠を得るのは一八七〇年代のことである。そしてそれは、ローザンヌの力学教授アントワーヌ・ピカール（物理学者オーギュストとジャンのおじ）が、ワルラスにアイデアを提供し数学的解説を行ったことによる。この経緯は一九六五年に出版された、ジャッフェ編『ワルラス書簡集』ではじめて詳細が知られるようになった。

ワルラスは鉱山学校の教育になじめず、正規の高等数学教育を受けないままであった。もちろん力学・解析学教授であったクールノーが父の経済学仲間であったことは、彼の学問的方向性に大きな影響を与えた。だがクールノーは、「もしも数学教授が経済学を数学の言語で書いたら」という感じの学者である。他方、ワルラスは経済学の純粋理論を構築しようとして、その都度必要な数学を苦心して身につけていった。

ワルラスは限界効用逓減の法則をもとに需要曲線を導出するプロセスで、ピカールの決定的な支援を得た。それはさきほどジェヴォンズのところで説明した、効用関数を前提とする二者の交換が均衡に至るプロセスを、解析数学で表現する方法に関わる。ワルラスは限界効用という条件と需要曲線との関係づけをうまくやれず、ピカールがこの問題を解いてワルラスに書簡で解説したのである。だがこのエピソードからは、ワルラスの思考が数学から経済学へと至ったのではなく、自身が設定した経済学上の問題を解くために解析数学を導入するという過程の連続であったことがうかがえる。このように、自らにとっての経済学的課題のうちに数学を取り込んだからこそ、ワルラスは近代経済学にとって最重要の功績を残せたのだ。

†メンガー・ジェヴォンズ・ワルラス

メンガー、ジェヴォンズ、ワルラスの三人について、限界効用から価格決定に至る過程の説明だけを見ると、論理の運びはよく似ている。だがたとえば、効用が「逓減」するというイメージを強めるためか「食べ物」にこだわったジェヴォンズは、「穀物と牛肉」の例を用いている。これに対して、オーストリアで牧畜が盛んだったからか、メンガーの例は「馬と牝牛」である。ワルラスは自分が食べるための小麦と、馬の飼料になる燕麦の交換を挙げる。ワルラスには葡萄酒が、ジェヴォンズには麦酒が出てくる。ワルラスとジェヴォンズは商品を記号で捉えることを好むので、途中からあまり具体的な例が出てこなくなる。

ワルラスが一般均衡を論じたあとには、著書の前半部分で具体例であったものは、産業や商品として抽象化された形で経済循環に組み込まれていく。他方でメンガーの場合には、多様な品物やいろいろなタイプの労働が最後まで出てくる。古代の遺物や煙草盆まで例に挙がっている。豚肉を売るが豚肉を食べないポーランドユダヤ人など、言われなければ想像できない歴史的に興味深い職業も出てくる。このあたりには歴史学派の流儀を見出すことができておもしろい。

また、三人の生涯と思想について調べてみると、彼らがかなりの程度奇人変人の部類に入ることがわかる。メンガーはなかではまともそうだが、主著の出来栄えに満足せず、その改訂と経済観の確立のために一九〇三年に職を辞した。もっとも当時、ウィーン大学法学部の学生が経済学の講義をどの程度熱心に聴いたかは分からない。私だって明治大学の学生たちが現代思想に大して興味がなくて困っている。就活になると急に「このゼミって何を勉強してるんですか」と真顔で聞いてくる。だからといって著述のために大学を辞すなど考えられないことだ。大経済学者は凡人とは違うと言われればそれまでだが、昔の人なので男は家事などもあまりやらないだろう（経済学者と家事労働については、マルサル『アダム・スミスの夕食を作ったのは誰か？』を参照）。だいたいメンガーが掃除や洗濯をしているなんて想像できない。そうすると本当に研究に専心したのだろう。

カール・ポランニーの証言を引こう。「人類の知的努力の長い歴史において、自分自身を顧みることなく、休みなしに真実の探求に没頭することにおいて、メンガーと並び称される、あるいはメンガーを超える人物はあまりいない」（「メンガーにおける「経済（エコノミック）」の二つの意味」玉野井芳郎『エコノミーとエコロジー』333ページ)。彼はこうして、五〇年間主著改訂の努力をつづけたのだ。

ジェヴォンズにも似たところがある。彼は『政治経済学理論』『科学の方法』の相次ぐ出版で心身ともに疲弊しきってしまった。そしてこちらも大学の職が負担になり、とうとう辞職して著述に専念した。そもそもジェヴォンズは陰キャの極みで、おそろしく講義下手だったらしい。そのせいで弟子が一人もいないんだそうだ(彼の構想を最もよく継承したのはエッジワースだと言われる)。さすが奇人変人だ。医者に止められていたのに、静養先で朝から一人で海に泳ぎに行って、着手していた書きかけの著書(死後『経済学原理』として遺稿をもとに出版)を遺して、四六歳で溺死してしまった。ゴッセンより一歳若くして死んだことになる。

ワルラスは自身がフランスで評価されないことを恨んでいたし、何度もポストを期待してはうまくいかず落胆した。たしかにフランス経済学界のワルラスに対する扱いは党派的で不当であった。しかしフランス以外の国々では多くの文通相手を持ち、数学の言語は国境を越えて通用するため、考え違いの指摘や理論改善のための助言を受けて、ワルラスがそれを取り入れることも多かった。

彼はジャッフェがいうように「経済学者のための経済学者」として、ある意味で一七世紀ヨーロッパに広がっていたラテン語学問共同体のような知的交流の中心にあった。もちろん、そのためにワルラスはあらゆる努力をした。多くはない私財を投げうって売れない著書を出版し、ヨーロッパ中の学者に献本し、書き上げたばかりの論文を送った。ジェヴォンズの知遇を得たことは二人のライバル心と優先権への野心に火をつけたが、互いの功績を認め合いながらその発見の重要性を確認し励まし合う、知的誠実と共同性をも感じさせる関係となった。

三人のいずれも、その功績に見合う評価を生前には受けなかった。だが、あとからふり返れば最も成功したとも言えるオーストリア学派の創始者メンガーは孤独であった。その学問的な苦闘は、その後のオーストリア学派の展開とは隔たっている。オーストリア学派に数理的伝統を作り出しそれをアメリカに持っていったのは、父の薫陶を受けつつ第一級の数学者となった息子のカール・メンガーであった。ジェヴォンズの天才は異彩を放つが、その生涯は一瞬の火花のようだ。

ワルラスは、数学者に助けられて独自の数理経済学を打ち立て、その後も科学者共同体の中での交流を通じて主著を改訂しつづけた。そしてトリノ工科大学で数学と物理学を学んだパレートという、自身の理論を数学的にバージョンアップして汎用性を持たせてくれる理想的な後継者を、ローザンヌに迎えることができた。こう考えると、ワルラスが三人の中で最も幸運な学者だったのかもしれない。

†数学と世界の成り立ち

だいぶ遠い目になってしまった。ワルラスの均衡論と力学との類比の話に入る前に、ここで少し数学史の話をしておきたい。数学というのは学の中の学、最も純粋で、イデア的で、時代や場所の制約とは無縁なまま連綿とつづいてきた学問だと思われているかもしれない。ところがそんなことはなくて、実際には数学も時代や社会とともにあるのだ。また、数学のあり方はその表現のしかたと密接に結びついている。これはたとえば、詩が特定の言語や表現形式と不可分一体であるのに似ている。

さらに数そのものにどんな意味を見出すかも、社会や文化によって異なっている。たとえば古代ギリシアには、「世界は数でできている」という信仰があった。ピタゴラス（ピュタゴラス）にはじまるとされるこの考えは、世界の成り立ちを火や水や大気に見出すそれまでの伝統を刷新した。これはプラトンにもちょいちょい出てくる考えだが、マイケル・ポランニーはこの「数の神秘」の考えがケプラーあたりまで生き延びたとしている（『個人的知識』「6　知的情熱」の項）。

またたとえば、近代政治理論をはじめた人であるホッブズは、ヨーロッパ旅行中の一六二九年、イタリアの滞在先でユークリッド『幾何学原論』のピタゴラスの定理の部分をたまたま目にし、幾何学の方法に目覚めたという（ただしピタゴラスの定理はピタゴラスが考えたものではないようだ。納富信留『ギリシア哲学史』194ページ）。少数の自明な前提からの演繹によって意味ある結論を次々と導き出す幾何学的方法を、ホッブズは政治学に適用しようとした。そしてできたのが『リヴァイアサン』だ。その方法意識が、その後の政治社会の正当性論の構成に与えた影響ははかり知れない。

こう考えてみると、ジェヴォンズやワルラスが力学との類比で経済学を語ろうとしたのも、それほど新奇なことではないのかもしれない。それは、数学と世界の成り立ちを結びつける新しい方法だったとも言えるからだ。そして近代においては、とにかく自然科学こそが科学の王様であり、なかでも物理学は精密科学の手本であった。そこに使われている数学を借りてくれば、経済学だって科学の装いの下にいかがわしさが消えて格が上がると考えられても不思議ではない。

だが少し注意したいのは、ここでの数学がどういうものかということだ。ピタゴラスは数そのものに宇宙の秩序を見出し、ホッブズは幾何学的論証に諸学の模範を見た。これに対してジェヴォンズとワルラスが用いた数学は、当時の力学の教科書に載っている、力学を解析的に叙述したものだった。ジェヴォンズが『政治経済学理論』で挙げている力学の文献は、マグナスの『初等力学講義』（初版一八七五年）で、この本の第六章「力学」におけるエネルギー保存則と釣り合いとの解説を参照している。また、ポワソンの『力学原理』(第二版一八三三年)も、静力学における微分法の使用と仮想速度の原理を説明する際に挙げられている。一方ワルラスが参照したのは、ポアンソの『静力学要論』(初版一八〇三年)だった。ジャッフェによると、ワルラスはこの本を一九歳で初めて読んで以来「座右の書」として愛蔵してきたそうである。

これらの力学の教科書に書かれていたのは、古典力学の完成形態としての解析力学であった。一七世紀から一八世紀末にかけて、つまりニュートンとライプニッツからオイラーとラグランジュに至る時代に、天体運動や物体の衝突をめぐる動力学と、静止物体やてこの釣り合いをめぐる静力学とが、一つに統合されていく。これは、ニュートンの運動方程式を静力学的に理解し表現することで実現した。直観的に言うなら、運動中の物体に働く力を無限小の瞬間に作用する力へと分けることで、運動を各瞬間における均衡(静止)の連続として捉えるのだ。その際に用いられたのが「仮想速度の原理」、より一般的には「仮想変位の原理」「仮想仕事の原理」、つまりは無限小を広範に利用する原理である。

これについて詳しく説明する能力がないので、もっと知りたい人は、有賀暢迪『力学の誕生』を読んでみてほしい。ここでは、同書と山本義隆『古典力学の形成』を参照しながら、「文系的」科学史の視点から数学・物理学史をざっくり説明しておく。

†古典力学の形成へ

古代ギリシアにおいては、数学といえば幾何学であった。このことの意味は、まず数学とは証明可能でなければならないということだ。証明可能とは、幾何学における論証の方法、すなわち数少ない自明の公理から出発して次々と演繹的推論を展開し、定理や結論を導く数学的方法で明らかにできる事柄を意味する。それと同時に、幾何学では視覚的な図示・作図も重要である。数学の本意は作図と証明にあるという考え方がこれにあたる。

これに対して、代数計算とは数え上げることであり、あくまで幾何学の補助手段と考えられていた。計算は公理的な体系を作らず、図形的に捉えることもできない。だから幾何より一段あるいは数段劣るというわけだ。幾何学は「知」（エピステーメ／スキエンティア）だが、計算はその僕（しもべ）である道具としての算「術」でしかない。ただし、幾何学だってもとを正せば「測量」という実用的な目的からはじまったのだが。

時代は下って一二—一三世紀以降、数学分野も他の学問研究同様、中東経由でインド・アラビアの学問が入ってくる。その際とりわけ記述法としてのアラビア数字がもたらされた。そしてルネサンスを経た一七世紀には、数学・物理学（力学）・天文学が急速に発展する。このなかで数学記号や数式の記述法の革新が起こり、図と証明からなる幾何学的な数学以外の可能性が開かれていく。

考えてみれば分かるのだが、ローマ数字はものすごく表記が煩雑である。なんでもいいが、たとえばルソー『社会契約論』の出版年はMDCCLXII（一七六二）年、ニュートン『プリンキピア』はMDCLXXXVII（一六八七）年である。ローマ数字で計算ができる人は全員天才というほかない。いくら数学は諸学の王といっても、実は表記法や記述法から作図のための道具に至るまで、ある意味で偶然に発見されたさまざまな手法に依存しながら、数学的思考が発展してきたことは間違いない。アラビア数字の導入は、その重要な一階梯となった。

作図道具はコンパスや定規くらいしかなく、現代のような紙もなかった時代には、作図もさぞかし大変だっただろう。アルキメデスはシュラクサイがローマに滅ぼされることになる戦争中、家に闖入（ちんにゅう）してきたローマ兵に、作図に夢中になって考えごとをしていたために「私の円を乱すな」と言って殺されたという伝説がある。これ以上ない名言だ。数学者の思考もまた、作図など思考の表現法や手作業とともにあるのだ。

これはあのニュートンにも当てはまる。ニュートンの『プリンキピア』は日本語訳があるので、これを見るとその思考や表現法がよく分かる。そこでの天体の運動についての説明は、幾何的な図示と解析的な表現が入り混じった独特のものである。意外に図が多く、天体の運動をコンパスと定規で描いていて、微分的な最小距離の移動と加速度の関係なども作図で示してい

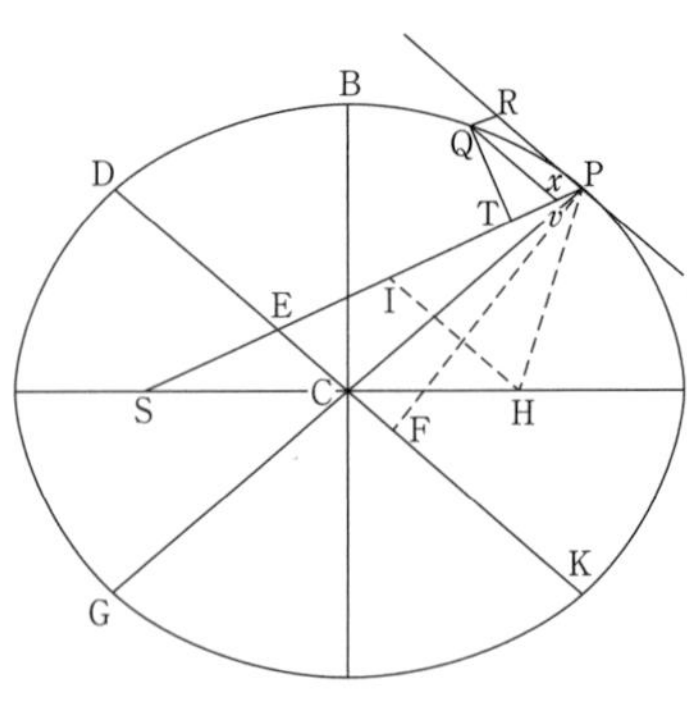

楕円上を公転する物体についての図
（ニュートン『プリンシピア』107ページ）

る（たとえば微分を示す際、とても小さい三角形や扇型が描かれる）。

こういった表現法は、一八世紀のオイラー、ダニエル・ベルヌイ、ダランベールなどにも広く見られるものだった。しかし、一八〇三年が初版のワルラスの座右の書、ポワンソの『静力学要論』には、図が一つもない。

つまり、一七世紀から一八世紀に、物体の運動と釣り合いをめぐる力学は、一方で数学の新しい記号法や記述法に支えられた解析的思考を武器としながら、他方で図形的表現と幾何的発想にも頼りつつ、急速な展開を見せたことになる。そして最終的には視覚に訴える図形的な表現を脱して、自然界における物体の運動と静止の両方を解析的な数式のみで記述するようになった。それを完成させたのがオイラーとラグランジュである。こうして統一された力学は「解析力学」と呼ばれる。そして、解析力学のはじまりは古典力学の到達点でもあった。

ジェヴォンズやワルラスが参照したのはこの力学、つまり幾何的な論証の手法と物体の運動と静止についての考察、それに解析学という新しい数学ツールを用いた数式の展開を結合することで成り立った、この時代特有の力学だった。その後この体系は、非ユークリッド空間という厄介な存在をめぐる幾何学の展開、また解析力学におけるさまざまな法則や定理相互の関係を公理系として整理すべきという主張、エネルギーと場の理論、そして量子力学の出現などによって多方面に展開していく。

だが、ジェヴォンズやワルラスが依拠したのは、古典力学が完成された幸福な一瞬を切り取ったような、静力学の教科書の中の体系的記述であった。そのため彼らは、動いているものと止まっているものを一つの相の下に、とりわけ静的な状態に還元して捉えることが可能であると考えた。つまり、動きつづける経済と市場取引を、均衡という静止を基点・基本の姿として捉えることを奇妙だとは思わなかった。

また、運動法則を解析的に記述すること自体がどのような約束と記号の世界(公理系)の中で意味を持つかという、メタ的な反省も気にかけなかった。力学だって解析的記述を採用しているのだから、その方法は正しいに決まっているというわけだ。そこでは、諸学の王たる数学が古代以来誇ってきた幾何学的論証と、それを記号に載せて方程式に忠実に移し替える解析学と、それらによって説明される普遍的な宇宙の原理たる物体の法則が、揺るぎない強度を誇る構築物として現前していたのだ。

†「経済学と力学」

ではこうした古典力学の世界を念頭に、ワルラスは経済と市場をどう捉えたのか。これについては、ワルラスが死の前年に発表した論文「経済学と力学」（一九〇一年）を取り上げて検討する。というのも、『純粋経済学要論』では明確でない経済学と力学との対比が、この論考では明快かつ詳細になされているからである（ワルラスがいつどこからこの着想を得たかは不明だ。ジェヴォンズ『政治経済学理論』の叙述がヒントになった可能性もある）。

念のため言っておくと、いまではメインストリームと関係なくなって歴史の埃の下に埋もれた、へんてこりんな議論や主張を王道経済学史から引っ張り出すという本書の中でも、この論考は際立ってオタクっぽい。しかし、経済学への数学の導入がどんなふうに進んだかを理解することは、経済学という学問の特質を知る上で役立つだけではない。社会現象と物理現象とを類比で捉えることや、物理現象の説明のために編み出された方程式を社会現象に適用するという、経済学以外の社会科学でもしばしば見られる行為について、それがほんとうのところ何をしているのかを考えるきっかけともなるのだ。

ワルラスはこの論文を、数学的事象には二種類あるという主張からはじめる。第一は「外的事象」で、これは客観的で集合的、そしてどこでも等しく測定可能な大きさを有する。これは

「物理的事象」と呼ばれ、物理数学 physico-mathématique の対象となる。もう一つは「内的事象」である。これは人の内部に生じるので、他者と比較し評価することができない。つまり主観的で個人的である。これは「心的事象」と呼ばれ、心理数学 psycho-mathématique の対象となる。前者を扱うのが力学や天文学で、後者を扱うはじめての学問が経済学である。ここには、経済学が数学を用いることで最初の人間「科学」となることへの自負を読み取れる。

ではは経済学はどうやって量を扱う数学と結びつくかというと、富に関わることによってである。富は有用・有限で量的な性質を持つため、価値を測ったり交換したりできる。そして、経済活動の中でもとくに価値の量に関わる交換に着目することで、経済学は経済現象を数学的な事象として扱うことができるようになる。つづいてワルラスは、主観的であるはずの人間の満足、すなわち効用を計測できるかという問題を取り上げる。これについてはポワンカレからワルラスへの書簡を典拠として、序数的効用さえあれば一般均衡は成立するので、効用の実体的な計測に伴う難点は克服されていると主張している（この点は『純粋経済学要論』では明確ではない）。

そしていよいよ、二者による二商品の交換において成り立つ均衡方程式の解説に入る。効用関数が商品の消費量に対して反比例的である（量が多いといらなくなる）との前提から限界効用を導き、そこから効用の極大化条件（二つの商品について、二者それぞれの消費量がどのくらいの割合のとき、満足が最も大きくなるか）を導出する。りんごとみかんでいうなら、いずれの当事者もりんごが多すぎてもみかんが多すぎてもダメで、満足が極大化（その付近では最大化）する双方にとって最もいいバランスでの消費割合が、効用極大化点になるということだ。

そこからジェヴォンズと同様に、二者にとって最も効用が大きくなり需給がバランスする点を示す交換方程式が導かれる（すでに述べたとおり、この方程式導出にあたってワルラスはピカールの助力を得た）。二者ともに、無限小量の商品aが増え／減って、無限小量の商品bが減り／増えても、満足の度合いが全体としてもはや増えも減りもしない点の導出である。この点での価格が交換価格に相当する。

ワルラスによると、この点はいずれの当事者も満足が極大化しているという意味で、公平と正義という交換の倫理的条件を満たしている。市場の資源配分が最も効率的であるだけでなく最も公平である、つまり市場における交換では誰も他者と比べて損をしていないという市場主義者の主張が、この方程式に見られる効用の極大化条件によって根拠づけられている。静力学において、てこがバランスしている点がエネルギー極大化点であるのと同様、需給が均衡して交換が行われる点が効用極大化点なのである。これは「等価交換」という際の「等しさ」の中身を、効用極大化として表現したものである。

†人間像の単純化

ここには、交換相手の効用曲線は交換価値あるいは価格への反応によってはじめて知られる一方で、自分の価格への反応を決定する効用の度合いは熟知しているという前提がある。自分が何をどれだけどういう順序で欲しいかを知らない人がいるわけがない、ということだ。

この、自己の欲望については全知全能で、他者については市場での価格を通じてのみすべての必要情報を得る交換主体とは、市場の均衡を成り立たせるホモ・エコノミクスの典型である。ここには非合理な選択や行動はありえない。というのは、人が選んだことが事後的にその人の効用あるいは選好を示すと見なされるからだ（顕示選好）。そうなると、真の欲求と偽の欲求の区別だとか、欲している気がしていただけで愚かな選択だった（行動経済学の得意分野）といった事態は成り立たなくなる。そしてこの経済人は計算間違いをしないだけでなく、相手の行動について嫉妬に駆られて邪推したり、人を陥れて詐欺的に自分だけが大儲けしようといった策略も持たない。そんなことを考えていたら力学との類比など不可能になってしまうだろう。

つまりここには、ただ一つの要素（効用極大化）だけを考慮して正しく意思決定をする、まったくブレないマシーンのような、あるいは運動する質点のような人間しか出てこないのである。

ということで、力学との類比は人間像の単純化を伴わなければ成り立たないことがよく分かる。ワルラスはつづいて、一般均衡と天体力学の類比に進む。これは、二者関係を多くの一般的市場当事者に拡張しただけなのだが、物理学的には話がかなりややこしくなる。そこでここでは、イメージだけをことばでざっくり捉えることにする。

ワルラスが考えるに、多くの天体が登場する天体力学の運動方程式は、多くの当事者が出てくる市場の均衡方程式とそっくりである。これは、物体間に働く力（引力）が、質量に比例し距離の二乗に反比例するという関係と、交換が成立する価格が、限界効用（ワルラスの用語では「稀少性」。稀少性は普通は欲望ではなくモノの量に使うので、この用語選択はフランス経済学の伝統に関係する興味深い鉱脈だ。しかしここではこれ以上寄り道できない。とにかくワルラスは限界効用ではなく稀少性の語を用いる。『純粋経済学要論』付録I、500ページ）に比例し商品の量に反比例するという関係とが類似しているという話である。無理やりイメージするなら、物体の質量は欲求の「重さ」＝強さで、重いほど強い。距離は商品の量にあたる。量が多いともう要らなくなるが、これは距離が遠いと物体の及ぼす力が減少するのに似ている。やはり分かったような分からないような話だ。

†数学と物理学の導入の帰結

ではジェヴォンズやワルラスは、力学の教科書で学んだてこの原理と市場の交換方程式との類似を、どの時点で意識したのだろう。これについてもっとよく知るには、ジェヴォンズがオーストラリアに渡る前にユニヴァーシティ・カレッジで受けた自然科学教育の内容、またド・モルガンの数学の授業の中身、ジェヴォンズの効用と交換の理論が形をなしていく過程についての、書簡や学会報告を手がかりとした追跡が必要だろう。ワルラスについては、その力学の知識をいつどこで得たのか、またクールノーからの教えに何が含まれていたのか、解析学の勉強をどのように進めたのかなどを知る必要がある。それによってはじめて、二人がどういう経路をたどって、いつごろこんな突飛なアイデアを真剣に試そうと思ったのかが明らかになるだろう。

これについて、いくつかのヒントをミロウスキーの著書から挙げておく。まず、ミロウスキーの評価では、ワルラスの数学的能力は、彼が当時の物理数学を使いこなすには控え目に言っても低すぎた。ワルラスはすでに述べた、市場の均衡条件を需要曲線との関連づけによって示したピカールの数式の意味をはじめは理解できなかったという。「レオン・ワルラスはさまざまな技師たちから拾い集めたエネルギー論の比喩の手形交換所 clearinghouse だった。ただし間違った多様性を持った交換所だった」(Mirowski, *More Heat than Light*, p. 256)。つまり、物理学とエネルギー論に魅せられてあれこれの成果や数式、概念を導入したが、それに見合う物理数学の技量を持ち合わせなかったために混乱に陥ったということだ。

一方のジェヴォンズについては、ミロウスキーはファラディ、トムソン、ジュール、マクスウェルという当代一流の物理学者をジェヴォンズが直接間接に知っていたと指摘する。だがその物理数学の技量については、ワルラスと同じくらい手厳しい評価しかしていない。すでに見たとおり、ジェヴォンズは『政治経済学理論』で、てこを例にエネルギー保存則と市場での交換法則とを類比している。これについてミロウスキーは「ジェヴォンズはワルラス同様、交換にちょうどいい物理学上の類比を探し回り、仮想速度の原理の考えうる最も単純な例に行き当たった。つまりてこの均衡である」(p. 257) と評している。

ここで「仮想速度の原理」として出てくる物理数学の重要原理を説明することはとてもできない。ミロウスキーの叙述は、一九世紀の第三四半期という、限界革命と同時代の物理学の展開を意識しているため、私がここで念頭に置いている、もっと前の物理学とは異なった要素や領域を含んでいる。

だがミロウスキー自身も認めるとおり、ワルラスやジェヴォンズにとって、当時の最新知識であるエネルギー保存則、あるいは熱力学の第一法則といった原理は、あくまで「比喩」や「イメージ」として用いられたにすぎなかった。当時、物理学における「力」は「エネルギー」へと置き換えて理解され、同時にエネルギーは「場の理論」を通じて熱そして電気と同種の方程式で扱われるようになった。つまり、力学よりももっと広い範囲で、自然現象が統一的に記述されるようになったということだ。

ワルラスやジェヴォンズはとりわけ「均衡」ということばを自然科学から借用することで、エネルギー保存則と市場の交換法則とをイメージとして結びつけた。しかしミロウスキーが指摘するとおり、たとえば位置エネルギーと運動エネルギーの和が一定になるといういわゆる「仕事」の考え方に見られるエネルギー保存則の適用だけを見ても、それを経済的な交換における効用と予算制約との関係にあてはめることには、困難が伴うのである。

こうした点を考慮すると、二人にまずある程度の力学の知識があって、そこでの質量や運動や位置エネルギーなどの要素に、経済学における価格や効用などを適宜あてはめていったとは考えにくい。ミロウスキーは彼らの物理数学が聞きかじりの寄せ集めで、もし物理数学との類比をもっと先まで突きつめていくなら、彼らが用いた経済学上の類比には明らかな矛盾が生じると評価している。しかしこのことは逆にいうなら、彼らの効用や市場に関する思索が、何より経済学的発想に満ちていることを意味している。

当時彼らが学んだ教科書レベルの記述における自然科学と数学の関係を想起するなら、解析数学を学ぶことの中心はやはり力学にあった。そして力学の中で彫琢された解析数学を知る過程で、力学的世界観も否応なく学ぶことになっただろう。そのため、経済学への数学の適用は一九世紀はじめに教科書として確立されていたような、一八世紀末に完成された物理学の構成をそのまま反映して、解析学の利用であると同時に力学的世界との類比となった。

また、彼ら二人が互いにまったく独立に解析数学を利用することになったのは、ある意味で偶然である。だがそれは、二人が選んだ対象、つまり欲求の強弱を商品の量との関係で捉えるところから経済学を出発させるという立場選択によって、必然的に取り入れられた道具でもあった。手に入った商品の量に反比例して欲求が「逓減」することを数学的に表現しようとする場合、まず思いつくのは微分の利用である。微分はだんだん増えたりだんだん減ったりする状況の、ある点での趨勢（＝強さあるいは勢い）を表現するのに適しているからだ。

市場における交換を天体の運動原理と同じ方程式で表現する、という結果だけみると、かなりぎょっとするし違和感がある。しかし、物理学の運動原理と均衡論の形成途上で必要とされる解析的思考との共通性（無限小量の増減を仮想的に考えることによる釣り合い＝静止の説明）を知ると、あるところから先は、類比は自然なことのようにも思えてくるのだ。

6　経済学の内部と外部

†経済学にもたらされたもの

というわけで、何となく歯切れの悪い話し方になってしまった。またしてもNetflixのドキュメンタリーの結末みたいだ。申し訳ない感じだが、思想史はノンフィクションだからしかたないし、きれいにストーリー化しすぎるのは問題だろう。そこでまたまた気を取りなおして、力学との類比が行われたことによって、限界革命の思想家たちを超えて経済学そのものに何がもたらされたかについて考えてみよう。

まず、価値の主観性から出発した理論は、人の欲望の強度が力学的なエネルギーと同一視され、商品の量や単位当たりの効用がてこの腕の長さや質点にかかる力と見なされるといった類比を通じて、質量と力と距離によって記述される客観的世界へと接合される。人の欲望のあり方がどんなものであろうと（つまり効用関数が人によって異なるとしても）、ひとたび市場における取引関係に入るなら、欲望のあり方を所与として何らかの均衡が成立する。ここで想定されているのは、自分自身の欲望を熟知し、市場について完全な情報を持ち、欲望の最善の実現（極大化）の原則によって最も合理的な選択を行う孤立した個人という、ホモ・エコノミクスの姿である。

ここでの人間は、自分の欲望だけを考えるエゴイストというより、欲望を所与として厳密な法則に従って行動する孤立した単位である。それはまるで、個々の天体はそれぞれの軌跡を描いて運動するが、その運動は全体として一定不変の法則に従っていると考えるのに似ている。経済学が数学化を受け入れる過程で、ホモ・エコノミクスは質量と加速度を持つ天体の質点のようなものになるのだ。こうなってしまうと、第一部で取り上げたような富と徳との相克、また商業の発展が社交や勤勉という新しい道徳をもたらすといった議論は、ホモ・エコノミクスとは遠く離れた、関係のないものになってくる。理論を抽象化、形式化し、自然科学を模範として法則を見出すとは、人間がある系の中での一要素、あらかじめ与えられた設定に従って動くメカニズムの一部、その単位となるということでもあるからだ。

もう少し力学の史的展開に内在する観点からは、次のことを指摘できる。一七世紀の力学は、力というものをいま考えると形而上学的に捉えていた。力には源泉や内奥の真実があると考えられ、力をもたらすのは物体の中の「何か」であるとされた。そしてそれはいったい何なのかが問題とされた。

中世スコラ学者ビュリダンの「インペトゥス」、ライプニッツにおける「死力」と「活力」、ニュートンにおける「固有力」と「刻印力」などのスピリチュアルな響きを持つ用語は、物体の中に実体的な「力」があるという仮定の下にイメージされている。ところが、力を実体視するこうした考えは、徐々に別のものに取って代わられる。力学の解析化と並行して、物体に内在する力という発想に代わって力を「関係」として捉える見方が現れ、何らかの物体がその外部に及ぼす効果や影響へと関心の焦点が移っていくのだ。そうなると、物に内在する実体としての力はあってもなくてもいいものになる。つまり力は実体ではなく「作用」「はたらき」として捉えられ、叙述されるようになるのである。

一世紀以上ののちに、経済学にもこれと同じことが起きる。解析学の導入によって、欲望はその作用の結果としての市場の均衡と財の配分を通じて捉えられるようになる。均衡点が見出されるなら、その背後には特定の効用関数のはたらきがあるにちがいないからだ。人の欲望とは何か。それにはどんな種類があるのか。欲望とその強度をもたらす経済的／経済外的要因とは何か。欲望は歴史や文化によってどのように変化するのか。人の欲望の時系列的変化は、その人が置かれた個別具体的状況と、どのような関係にあるのか。こういったことは、欲望がそれがもたらす作用や結果において、数式を通じて捉えられる場合には問う必要がなくなる。理論の作られ方とその文法（ことばのルール）が数学化・解析化することで、「欲望とは何か」は問題にならず、不可視にされるのだ。

要するに、力の本質や物質に内在する力を問うことが「形而上学」とされたのと同様、経済学の解析化は欲望の中身や人の心の内側を問うことを不要にした。このことは、経済学が社会の学、人間についての学である以上、力学とは異質の問題を引き起こす。力学において力の本質の形而上学が失われたとしても、社会正義や倫理には直接影響しない。だが経済学においては事情が異なる。それは倫理的な問題を即座に生み出すからだ。

ここはちょっと複雑で、経済学が数学を通じて没倫理になるからいけないということではない。それよりも、たとえば市場における「自由な」交換による経済を経済体制のモデルとしながら、そのモデル化が規範性をもった特定のルールや制度の「選択」であることを覆い隠すということだ。美しい数式展開は、それが前提とする市場の条件が特定の立場選択によってもたらされたものであること、それ以外の経済の組織化や人間の行動様式を排除することではじめて成り立つことを、見えなくさせるのだ。

これについては、メンガーの経済学がその後どのように流布し、受け止められたかについて論じたところで指摘したとおりだ。そのメンガーの『国民経済学原理』の構成を見ておこう。経済思想史に通暁していたメンガーは、一般理論構築を目論む同書を「欲望とは何か」の考察からはじめている。ここでメンガーが挙げる欲望は多様で、利他的欲望や擬制的欲望、集団的欲望なども論じられている。そこを出発点として、彼は欲望の対象たる「財」に論を進める。

ところが、経済学の形式化・数学化が進むと、欲望はたとえば効用関数として、ある種の「与件」となる。効用関数の成り立ちや根拠が問われることはなくなり、数値のあり方や組み合わせをさまざまに変えることで、市場や意思決定の条件が変化させられる。ここでなされていることは、操作的かつ形式的である。時代がもっと下ると、ゲーム理論の開拓と相即して進んだ経済学の公理化や形式化の流れも、背後にある意味や前提の自明性を問いなおすような発想を阻む要因となってきた。形式化された問いと答えの全体が、問題を遡り意味を問うことを不可能にするような構造を作り上げてきたということだ。

こうした意味で、経済学への数学の導入は、単にこの学が新しい表現方法を獲得したというだけでは済まない本質的な変化をもたらした。それはホモ・エコノミクスという人間像の妥当性を問う回路を、数字と関数と方程式によって閉ざし、失わせたとも言える。

†外部不経済――形式化と理論化の帰結

最後に数学化の直接的帰結よりさらに広い、経済学の形式化や理論化全般に関する問題点についても指摘しておきたい。これは、限界革命の理論家の中で数学的アプローチを取らなかったメンガーにも当てはまる事柄だ。ここで問題となるのは、数学化・形式化だけではなく、あらかじめ条件を限定して原因と結果の連鎖を捉えるという、近代科学全般が依拠する方法そのものである。近代科学を特徴づけるこの科学的推論の技法については、フリートウッドによって取り上げられている。

第一に、科学に関わる事象の恒常的連接は、事実上すべて、（天文学は例外であると思われるが）自生的に生ずるのではなく、実験的状況においてのみ生ずる。実験の眼目は「体系を閉じる」ことにある。そのために、諸条件を特定のしかたで組み合わせて、検討の対象になっている因果メカニズムを、検討の対象になっていない因果メカニズム総体から孤立化する。関心を持っている因果メカニズムが、このようにして妨害なしに作用することが可能となり、その結果として恒常的連接が記録される。

（フリードウッド『ハイエクのポリティカル・エコノミー』134ページ）

ここで「実験的状況」と言われている事柄を、限界革命の経済学に当てはめるなら、完全情報・完全競争に基づく市場価格の決定という、反事実的仮定（ある種の思考実験）を指す。これは物理学でいう「摩擦のない斜面」のようなものだ。つまり、限定された条件下での因果のプロセスを明確にするため、現実に存在するそれ以外の条件を除外して理想的な状態を作り上げ、そこに恒常的に見られる因果の連鎖を観察するのである。

もちろん物理学においても、条件の一般化のための捨象によって考慮されない多くのものが出てくるだろう。だが経済学では事はかなり深刻である。ざっくり言ってしまうと、自然科学においては、経験的個別的事実を取り去ることで、予測能力や理論の応用能力が格段に高まる。

これに対して経済学においては、予測能力が高まるか怪しいだけでなく、考慮に入れられないために大きな負の結果が看過されるような事柄が発生するからだ。

これにあたる例を、経済学では「外部不経済」、あるいはカップや宇沢弘文によるなら「社会的費用」と呼ぶ。外部不経済とは、経済主体による市場での商取引が、市場の外部に与える不利益を指す。公害や環境汚染を指してしばしば用いられるが、ここでは「外部不経済」ということば自体に注目してみよう。

外部不経済と言うからには、外部と内部に境界があることが前提である。では、ここで市場の「内部」とは何か。それは狭い意味での「取引」に限定されている。だが、市場で扱われる商品は、その生産から消費に至る行為や関係の全体を含めて理解すべきものだ。たとえば自動車の排気ガスは、生産される過程で排出されるのではない。それが消費される際に、つまりこの場合エンドユーザーによって自動車が使用される際に、長期間にわたって発生する。そのため、市場が不経済を撒き散らす領域は空間的にも時間的にも途方もなく広がりうるのだ。経済活動が行われるどの場面でも、不経済を発生させる可能性がある。この広大な領域を「外部」として考慮に入れないことで、近代経済学は成立してきた。

†市場は「プラスサムゲーム」か？

これを物理学の比喩と関連づけると、次のことが言える。ワルラスが力学におけるエネルギー保存則と市場の交換方程式を同一視したのは、物理世界において変化の前後でエネルギーが保存されるという法則を、交換の前後で商品の総量は変わらないと読み替えていることを意味する。では、総量が変わらないのになぜ市場の取引がプラスサムゲーム（Win-Win）として理解されるのか。それは、市場の取引による資源配分は全体の効用を最大化すると考えられるからだ。これは物理学におけるエネルギー極大化点との類比である。

だが市場における交換とは、はたしてプラスサムゲームなのだろうか。市場に登場する商品が作られる過程でのエネルギー資源の消費、そして搾取される労働を想定するなら、商品の存在を「与件」として市場が価格を決定するというあり方への疑念が生まれる。市場交換によって世界にばらまかれる商品は、生産プロセスで自然と労働を搾取し、消費プロセスでそれらをゴミとして排出する。エネルギー保存則は熱力学第一法則に相当するが、市場という表舞台から隠された経済プロセスは、熱力学第二法則から導かれる不可逆的な崩壊の過程（エントロピー増大）を指し示している。

これは経済学史家の桑田学が長い間主張してきたこととかかわっている。桑田は、経済学における市場理解が、熱力学第二法則を無視していることに警告を発してきた。現代の私たちの経済活動は化石燃料を消費することで成り立っているが、これは「土地の生産力」(有機エネルギー)という自然な限界を有していた、石炭資源(化石エネルギー)利用以前の経済とは全く異なったものである。私たちはきわめて長い期間をかけないと作られない化石燃料を、産業革命、そしてとりわけ二〇世紀後半以降、大量に消費してきた。これが地球に極端な負荷をかけ、不可逆なカオスを生み出しつつあることは、気候変動や海面上昇、土壌・海洋汚染などの環境問題によって明らかだ。

†経済の広大な外部

ここで一つ思い出されることがある。それは「水」だ。限界革命の理論家たちだけでなく、近代経済学の教科書にしばしば出てくる「自由財」の例として、水がある。稀少性を欠いているために価格がつかない、つまり市場での取引の対象とならない財の代表例として、水が挙げられてきた(いまでは水が市場化されたために、この役割は「海水」などに修正されている)。他によく挙がるのが空気と砂である。しかし現代では、水も空気も砂もとても貴重なものになっている。無尽蔵に使える都合のいい財として水や空気や砂を挙げること自体、経済学がいかに環境や地球規模での自然の循環に敬意を欠いてきたかが分かる。

皮肉なことだが、いまでは水も砂も巨大なビジネスの餌食となり、それらがもともとあった場所から引き離されることの意味を一切考えないまま、国際市場での取引対象となっている。山ごと買い取られた地下水はペットボトルに入れられて遠い国で売られ、下流の水は枯れる。世界から集められた砂はドバイやシンガポールで埋め立てのために大量投入され、採取地であるインド洋などで海の地形と波の勢いを変え、もともとあった砂浜を失わせている。

また、牛の例も示唆に富む。牛は聖なる動物ではなく、「牛肉」として市場で取引される財の一つとして経済学に登場する。つまり、牛という生き物、生殖によって生まれ、育ち、大きくなり、大地の草を食み、力仕事をして糞は堆肥や燃料となり、やがて子を産み死んでいく威厳ある神聖な動物はどこにも出てこない。牛は牛肉や牛乳の製造機でしかない。だから乳の出をよくするために牛成長ホルモンを注射し、成長を早めておいしい牛肉にするためにエストロゲンを投与するなどということを考えつくのだ。これは牛へのドーピングだ。人間だって金メダルや勝利しか考えなくなるとドーピングの危険を冒すのだから、牛へのドーピングくらいなんとも思わなくても不思議ではない。

ここで私たちは、家畜を殺して肉を食べるだけでなく、動物をまるで生命のない製造物と同じように扱っているわけだ。「畜産革命」と呼ばれる近年のプロセスは、こうした家畜の商品化そのものである。ここで商品化とは、家畜に値段がつくことではない。牛という生き物を、誕生以前の生殖から薄切りになって市場に並ぶところまで、パソコンなどの無生物商品と同じように扱うということだ。牛の生の尊厳を思うととても悲しくつらいが、それを食べているのは私たちなのだ。

その私たちはスーパーでパック詰めされた牛肉しか知らない。その牛がどこからきて、どう育って、どんなふうに屠殺され、精肉の過程でどんな消毒をされたのか知らない。その牛がどのくらい成長ホルモンや抗生物質を投与されたのか、どんな遺伝子組換え穀物が含まれる餌を与えられたのかも知らない。その牛をパック詰めしているプラスチックが、どのくらいの環境負荷を与えているかも知らない。また、アメリカやメキシコの巨大精肉工場で働く移民が、どんな労働条件の下に置かれているのかも知らない。市場では、人々の欲望と、その関数である価格と量だけが意味ある数字で、またそれこそが、科学的な経済学が扱うべき対象なのだから。いわゆる「経済」の広大な外部について、これまで経済学者が無視してきたわけではない。マルクスはこれを「労働力」に注目して論じた。カール・ポランニーは、「社会」対「経済」の対抗運動として近代史を描きなおした。だからこそ彼らの思索を出発点として、二一世紀を捉えようとする新しい経済的思考が生まれつつあるのだ。

ここで再度確認しておきたいのは、次の事柄だ。現実の具体的世界から市場を切り離し、生命の循環や自然環境の全体を、「交換可能な財」という孤立し数値化された単位へと縮減してしまうこと。経済学の科学化の思想と運動、そしてその中心にあったホモ・エコノミクスの人間像は、このことに大いに関係してきた。それが私たちが生きる熱くなった地球に起きている、異常気象や環境破壊、動植物の種の絶滅など、「人新世」と呼ばれる時代に生じている末期的事態の、原因の一つであることはたしかだ。

第三部

ホモ・エコノミクスの席捲

作者不詳「豆を嫌がるピタゴラス」(1512-1514 フランス)

はじめに　ニーチェ－フーコーの系譜学

第二部では、ホモ・エコノミクスを経済理論の中に組み込んだ一つの画期として、限界革命を担った三人の経済学者を取り上げた。彼らは、経済学の科学化・理論化・一般化を目標とし、市場における取引を経済学にふさわしい「モデル」として利用した。そしてその際、市場での取引を記述するために、物理学において物体の運動や釣り合いを表現する方程式を導入した。おかげで経済学は、数学と物理学というハイサイエンスに「似ている」ものになったことで箔がつき、社会科学の中ではいち早く、厳密な科学としての地位を手にしたように見えた。

実際には、市場の数学的モデル化によっては説明できない数多くの事柄が残され、またそもそも市場での取引を典型的な経済現象と見なすことも自明ではなかった。市場を中心に経済活動を捉えるということ自体が、一つの立場選択であった。だがこの選択によって、マルクス主義経済学に対抗する意味での「近代経済学」「自由主義経済学」は、微分方程式や関数を多用しそれを視覚化したグラフを使って、研究論文を量産できるようになった。その趨勢（すうせい）はいまに至るまでつづき、経済学の論文は数式が出てくるだけで近づきがたい科学性と厳密性のオーラをまとうようになっている。逆に言うと、数式を見ただけですごすごと退散する多くの数学嫌いは、そこで用いられている数学の出自、またそれが何を前提とし何を明らかにしているかについて、どんな小さな取っかかりや部分的な理解からでもいいから考えてみるべきなのだ。

もちろんこの間、数理経済学にはきわめて大きな発展、多様な展開があった。そして、数学的な洗練や前提条件の明示による説明力の向上が目指された結果、条件や解釈に手を入れて新たな数式を作る競争には限りがなくなった。こうして数理経済学研究には、経験的に得られた複雑で難しい条件に適う数式を発見する試みを行う、巨大な研究フロンティアが出現することになる。同時に、そうしたフロンティアの開拓が何を目指し、そうした学問の前提や枠組み、そしてそれによって明らかにされた帰結が私たちの生活に何をもたらすかということについては、問うことそのものがますます難しくなってきているように思われる。

数式の利用は、経済学の基本中の基本であるかのように言われることが多い。だが、それが経済学の中に導入されていく経緯、とりわけ微分方程式がいかなる「類比」によってはじめに経済学に取り入れられたかについて調べてみると、いろいろと不可思議なことが多い。数式を駆使した経済学はいまでは当たり前になっているけれど、そうした先端研究に至る学問発展のプロセス、そしてとりわけその「流儀」や「語り方」がはじまったときに何があったかについて改めて考えてみることは、思わぬ発見、あるいは学問の自己反省につながるはずだ。

第二部で論じたとおり、ジェヴォンズやワルラスは、限界効用逓減(ていげん)という前提を置いた場合に市場で需給が均衡する過程を、てこがバランスする際の均衡過程と似たものとして比喩的に理解した。数学の社会現象への適用のこれと似た例として、統計学が思い浮かぶ。統計学では、多くの兵士の胸囲のデータから作られたグラフが、まるでサイコロを大量回投げたときに出る目の分布（正規分布）のようだと比喩的に理解された（この点については、重田『フーコーの穴』を参照）。

このようにいずれの領域でも、はじめは連想からくる一つのアイデアに過ぎなかった数学上の転用が、やがて巨大な学問領域を切り拓いていくことになった。そして、数学的洗練がなされるにつれて初発のアイデアに見られた発想の飛躍は分かりにくくなり、経済学も統計学も、あたかもはじめから堅固な土台を持った「科学」であるかのように起源を忘却しはじめる。

だが出発点は、多少とも眉唾でいい加減、だからこそ大胆な一種の「連想」であり、学問的野心が引き金となった、成功するかどうか覚束ない試みだった。そこに立ち戻ってみると、科学の出自というのは多かれ少なかれ根拠が曖昧で、いわばテキトーなものだともいうことが分かってくる。化学だって錬金術と長い間多くを共有してきた。同様に限界革命における経済学の数学化も、正規分布を基準とするケトレの社会統計学も、はじめはキワモノ的な扱いで学界の主流とはほど遠かった。

こうした、学問の出自のある種のいかがわしさをたどるというのは、ニーチェの系譜学をフーコーが人間科学批判に用いた際のやり方である。科学のはじまりに立ち戻ることは、このような意味で、いまではさまざまな変奏と発展によって強固で確実に見える科学性の基盤について、反省的に捉え返すための大きな手がかりを与えてくれる。とっくに忘れ去られた系譜や出自を調べることにより、科学そのものを違った視点から眺められるようになる。これがニーチェ－フーコーの系譜学で、堅固に見える土台を疑うことで自明性を揺るがすという意味では、世界の哲学的な見方を手に入れることでもある。

†「経済学的思考」の伸張

それでは、こうして科学性の装いをまとうようになった経済学は、この後どこに向かったただろうか。一つはすでに述べた、数学化を着実に進め、多方面に応用・展開していく方向である。二〇世紀の近代経済学はこうして、公理化と形式化へと突き進んでいく。ただしこの方向においては、人間が厳密な意味でホモ・エコノミクスかどうかはあまり重要ではなくなってきている。人間の合理性や情報の完全性などの仮定は、数学的な条件付けによって緩められたり変化させられたりするからだ。つまり、やや非合理だったりやや不完全情報だったりといった想定を、数学的な条件を加えることでいかようにも取り入れられるようになったのだ。

こうした条件設定を通じて、「理論において前提とされる人間像は適切なものか」「そこでの人間像が反事実的であったり偏ったものになっていないか」といった、社会科学ならではの社会的な問題意識は、理論の発展と分化そのものによって失われていく。そういった問いは、テクニカルな操作によって解消可能だとされることで、見失われたのだ。

他方でこうした数学化や形式化とは別に、ホモ・エコノミクス、つまり自らの損得を計算することができ、それに基づいて行動できる人間像を、経済以外の領域へも広げていこうとする試みが出てきた。

第三部では、こうしたホモ・エコノミクスの拡張使用について取り上げる。前半で、「シカゴ学派第二世代」と呼ばれる人々が、このような試みをどういった発想に基づいて行ったのかを明らかにする。彼らによるホモ・エコノミクスの拡張は、学問的な潮流としては今では古いものとなり、明確な後継者がいるわけではない。そのため名目上は、シカゴ学派第三世代とされる「合理的期待形成」学派以降の数学化や、経済学と社会的選択理論との合流による人間像の複雑化によって取って代わられたように見える。だが実際には、シカゴ学派第二世代の発想は、社会科学のさまざまな領域へと拡散されてきた。そしてそのある部分は、現実の政策決定や人々のものの見方・価値観に至るまで、かなり広範囲に影響を与えつづけている。

後半ではこうしたホモ・エコノミクスの拡張による影響の例として、政治学に導入されたホモ・エコノミクスについて取り上げる。私が学部生であった一九八〇年代、早稲田大学政治経済学部政治学科の多くの講義では、「政治学の科学化」や「行動主義革命」など、六〇年代に（大学の費用で）アメリカ留学したであろう教員陣による、熱意も新鮮味もないアメリカ政治学の授業が行われていた。聞くに耐えない退屈な講義に辟易（へきえき）し、経済学科への編入を試みたほどだ（経済学の講義が面白かったかというと微妙だが、少なくとも高次微積分や社会統計学、江戸の経済などについて教わることができた）。

このときはなぜ自分がこんなに退屈な学問を選んだのかと愕然としたが、あとで考えると極端に狭い「科学化」を自明として極東の大学生を失望させた、当時の教授陣の責任は重い。せめて自分たちが語っている学派の政治学史上の立ち位置を明らかにしてから講義してほしかった。

いま思えば、二〇年遅れで講義されていたこのアメリカ政治学の潮流の中に、政治学へのホモ・エコノミクスの導入が含まれていたのだ。当時はなぜこうした講義に違和感を抱いたのか明確に意識できなかった。ただまったく興味を持てなかっただけだ。だがそれは政治行動や政治的信念を、ある特定の狭く限定された人間像をもとに、戦略やゲームや交渉、権力という「資源」の争奪戦として描いているように見えた。たしかに現実の政治行動にはそういった側面があるのだろう。だがそれを行為や意思決定のモデルとし、現実の人々の政治行動を説明できたから科学なんだと満足している学問が、政治学に入門しようとする若い学生を魅了できなかったのは当然のことだ。

政治学ではこのあと（というよりアメリカでは六〇年代終わりから）、公民権運動、ベトナム戦争反対、市民的不服従、女性の権利運動などを語ることができない行動主義政治学に代わって、正義や規範、社会はどうあるべきで私たちはどう生きるべきかを主題とする新しい政治理論、社会思想が生まれる。これは「規範理論の復権」と言われる。また行動主義は、「革命」を標榜した人々自身によっても批判され、修正を受けるようになった。だがこうしたなかで、ホモ・エコノミクスの前提を持ち込んだ政治学は、実はひっそりと生き残り、形を変えながらも長く命脈を保つことになった。第三部の後半では、この点について見ていくことにする。

1 差別・犯罪・人的資本

†シカゴ学派第二世代・ベッカー

はじめに、「シカゴ学派第二世代」という呼称について言及しておく。経済学におけるシカゴ学派は、シカゴ大学経済学部が英国ケンブリッジ大学に代わって自由主義経済学の牙城となっていった時代の象徴ともいえる。ナイト Frank Knight（1885-1972）とヴァイナー Jacob

Viner（1892-1970）の二人の教授がその第一世代の中核とされる（他にもランゲやヘンリー・シュルツなどが挙げられる）。

だが実は、ナイトとヴァイナーの間には経済学的見解に相違点も多い。そのうえ、ナイトは競争経済を支持しながらも合理的経済人仮説に激烈な批判を浴びせた。また、ハイエクの人間観とそこから導かれる秩序像にも批判的であった。他方、ヴァイナーはミクロ経済学の基礎を築いた功績で知られるが、大変な歴史通で、近世以降の壮大な国際貿易・経済思想史を叙述した。また後年、中世以降の神学と社会秩序の関係という思想史的領域に興味の中心を移した。要するに彼らは二人とも変わり者で、第二世代以降とは、教養の深さと叙述の端々にほとばしる懐疑精神によって区別できる。

本書では、ベッカーと（セオドア・）シュルツをともに第二世代として扱う。ただしベッカーとシュルツの生年は二八年も違っており、逆にシュルツはヴァイナーと一〇歳しか離れていない。しかしここでは、市場を経済分析の中心として数学的な方法を確立し、自由市場経済を擁護した第一世代を継承しつつ、実証的な統計データを用いて政策や現実への応用を試みた人々として、シカゴ学派第二世代を捉えることにする。

まず、ゲイリー・ベッカーを取り上げる。ベッカーを扱う理由は、社会の多方面に経済学的分析手法を適用するのに最も熱心だった、シカゴ学派を代表する論客の一人だからだ。彼は、ホモ・エコノミクスの人間像をそれまで考えられなかった領域へと押し広げた立役者ということになる。

ベッカーは本書の読者には、フーコーがコレージュ・ド・フランス講義で取り上げたことで知られているかもしれない。フーコーは一九七九年の講義で、アメリカ新自由主義を紹介する中で何度もベッカーに言及している。一つは「犯罪の経済学」について（一九七九年三月二一日の講義）。もう一つは「人的資本論」について（一九七九年三月一四日の講義）。さらに、ホモ・エコノミクスの拡張的使用が、合理的か非合理かにかかわらず、あらゆる人間行為を（まったくの偶然やでたらめでないかぎり）経済学の対象にしうると主張するに至ることを指摘する文脈で（一九七九年三月二八日の講義）。

そもそも私自身、ホモ・エコノミクスに関心を持った直接のきっかけはフーコーによる言及なので、本書の出発点はここにあると言ってもいい。ただし本書では、フーコーにおける「新自由主義の統治性」への関心とは別の角度から、「ホモ・エコノミクスの思想史」という文脈の中にベッカーを位置づけることを目指す。

ゲイリー・ベッカー Gary Stanley Becker（1930–2014）は一九三〇年、ペンシルヴァニア州のユダヤ系家庭に生まれた。一九五五年にシカゴ大学で博士号を取得したが、このときのテーマが「差別の経済学」であった。フリードマンの愛弟子で、このあと取り上げるシュルツとも親交が深かった。コロンビア大学で教えたあとシカゴ大学に戻り、社会学部に所属した。このこと自体、シカゴ学派の経済学が社会学的領域に拡張使用された証左となっている。またベッカーは一九九〇年に、ハイエクらが自由主義経済学者の国際的集まりとして一九四七年に創設した、モンペルラン協会の代表となる。

一九九二年にはノーベル経済学賞を受賞した。シカゴ学派の中でも、フリードマン（一九七六年受賞）、シュルツ（一九七九年受賞）、スティグラー（一九八二年受賞）に次ぐ、待望の受賞であった。話が逸れるが、改めてノーベル経済学賞の受賞者リストを眺めてみると、この賞がいかに国際政治上の思惑や自由市場主義や「ホモ・エコノミクス的人間像」と緊密に結びついてきたかを確認できる。世界中で格差と貧困と国際経済の不安定、そして弱者へのしわ寄せが問題になるなか、金持ちと強者のための経済理論にお墨つきを与えてきた最も権威ある国際賞とは、いったいどんな存在意義があるのだろう。

†差別の経済的合理性？

ベッカーに戻ろう。すでに述べたとおり、彼の博士論文のテーマは「差別の経済学」であった。差別というテーマ選択はよく考えたら驚くべきものだ。私たちはしばしば差別を「理不尽」と感じる。そして、「何の得があって」とも思う。つまり差別は、経済合理性や金銭的損得勘定とは最も遠いメンタリティに基づくように見える。たとえば差別主義者は、能力あるマイノリティをあえて遠ざけ、それによって生産性や効率性にダメージを与える場合がある。差別主義的発言をして信頼を失墜させ、テレビ番組やCMを降板させられたり、SNSが閉鎖に追い込まれたりする人たちは、世間的な名誉を失うだけでなく、経済的にも損失を被るだろう。それでも行われる差別的な言動は、経済合理性によって説明できない人間行為の代表ではないのか。

ベッカーはだからこそ、このテーマを選んだと思われる。彼は一見経済学的な用語になじみそうにない領域にも経済分析を適用できると示すことに、生涯変わらぬ情熱を傾けた人だった。ベッカーの説明はこうだ。差別は経済的な損失を発生させる。そして差別する者はそれが分かったとしても差別をやめない。したがって彼らは、差別に対する好み taste を有している。これを経済学的に言い換えると、差別対象と関わることが、まるで自分に余計な費用を生むかのように行動する。「ある雇主が雇用者を差別する場合、雇主はその人を雇うことで、あたかも非金銭的で心理的な生産コストを被るかのようにふるまう」(Becker, *Economics of Discrimination*, 2nd ed., p. 153)。こうした見えないコスト(非金銭的コスト)を避けるために、雇主は金銭的な犠牲を払うことをいとわないのだ。

上記の想定によって、差別の非合理は差別のコスト計算へと言い換えられる。たとえばアメリカ社会は、非白人、とりわけ黒人への差別によってどのくらいの金銭的コストを払ってきたのか。つまり、精神的・心理的コストの代償として、どのくらいの経済的損失を計上したのか。北部と南部でこの経済的損失はどの程度異なるのか。独占的市場と競争的市場では、どちらがより高いコストを払っているか。労働組合がある場合とない場合ではどう違うか。単純労働者と熟練労働者、あるいは低賃金労働者と管理職や専門職ではどうか。

ベッカーは当時は数が少なかった統計データを慎重に組み合わせて推計を行い、アメリカにおける職場差別の実態を明らかにしていく。そしてそれらはすべて、差別がなかったら得られたであろう収益との比較で、差別によるコストを計算するというやり方で行われる。北部より南部の方が差別による損失が大きいのは予想されるとおりだが、彼はさらに、南部には黒人の数が多いので、接触頻度と近さの観点から、この違いをもっと現実に根ざして評価すべきとする。あまり黒人に出会わない北部の人間は、差別の機会を南部ほど持たないからだ。また、黒人の単純労働者と技能労働者が受ける差別の違いについても、彼らの中で高等教育を受ける割合や人数の違いを考慮に入れて検討されている。

そして、「非白人への系統立った差別は、差別される側の年齢と教育水準が上がるにつれて強まる」という事実が確認される。「差別は被差別者の教育水準が上がるほど強まるので、将来非白人に対していまより多くの教育が与えられるようになっても、白人に比してわずかしか収入が増えないかもしれない。だからこそ、年長でよりよい教育を受けた非白人が市場でより大きな差別を受ける原因を精査しなければならない」（p. 161）。

ベッカーはこのようにして、一見経済計算とは異質な原理に基づく人間行動であっても、「得られたはずの利得」や「受忍されるコスト」などの考えを導入することで、それを経済学的に理解できるとする。つまり、非金銭的な事柄についても変数や相関係数を設定することで（たとえば「差別相関係数」など）、通常の経済取引と同じように定量的な研究が可能であると考えた。それを最初に示したのが、「差別の経済学」だということになる。たとえば右の図は、Wを賃金、Nを雇用者の数、DCを差別相関係数と置いた場合の雇用のあり方の変化を示している。

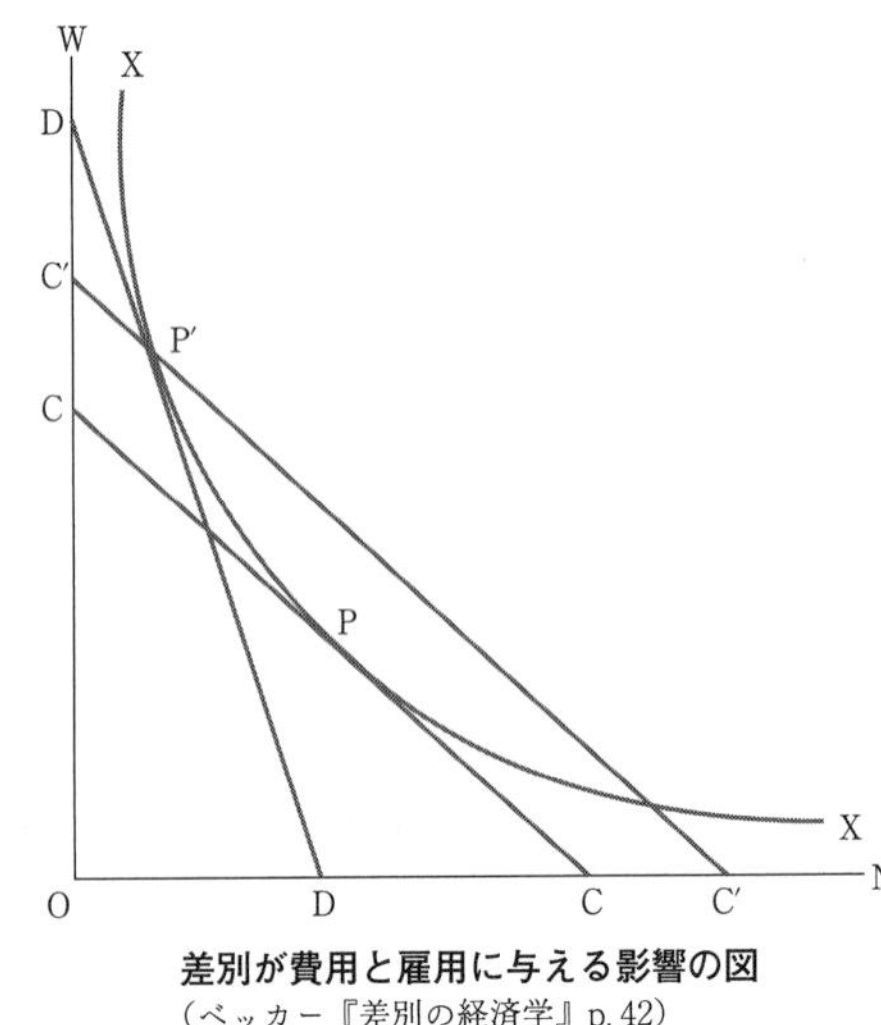

差別が費用と雇用に与える影響の図
（ベッカー『差別の経済学』p. 42）

ここで彼が取っている立場を、ホモ・エコノミクスの扱いという観点から見てみよう。ベッカーにとって、人間は特段の理由がなければ経済合理的な判断を行うはずである。つまり標準的には人はホモ・エコノミクスとしてふるまうので、能力が高く会社に多くの収益をもたらしてくれるなら、人種や性別などの属性に関係なく労働者を雇用するはずである。ところが現実には、人種によって雇用状況や給与に大きな差が見られる。この偏りから、差別の大きさや広がりの度合いを知ることができるのだ。つまり、経済主体がホモ・エコノミクスとしてふるまったならば達成されたはずの効率的資源配分（ここでは人的資本の最適配分）と現実の資源配分との差が、差別への対価として捉えられる。

このようにベッカーにおいては、差別を計測するための基準として、ホモ・エコノミクスによって織り成される通常の経済活動が用いられる。そして、標準的経済活動を尺度（＝基準）として、そこからの偏差として差別の度合いが計られている。

†ベッカーと犯罪の経済学

差別の経済学につづいてベッカーは、政治的利益集団、犯罪と刑罰、人的資本、家計や家族へと関心を広げ、二〇〇〇年代には臓器売買に市場システムを導入する提言も行っている。こうして見るとびっくりするほど赤裸々な市場主義者なのだが、ここでは犯罪と刑罰、そして人的資本について取り上げる。

ベッカーは一九六八年の論文「犯罪と処罰」において、犯罪現象を経済学の用語で捉える試みを行っている。はじめに設定される問いは、「どのくらいの資源と処罰が、さまざまな法を執行するのに用いられるべきか。別の言い方をするなら、どのくらいの法律違反が容認され、どのくらいの法律違反者が処罰されないままでいていいか」(Becker, 'Crime and Punishment', p. 2) である。

この問いへの答えは、犯罪によって社会が被る損失と、犯罪を取り締まるために社会が必要とする費用との最適な均衡が得られる点まで、ということになる。ここで最適点とは、「法律違反による〔犯罪者の（引用者）〕収入がもたらす社会的損失が最小になる」(p. 43) 点である。ベッカーの観点からすると、アメリカ全土における犯罪の経済規模はかなり大きく、それによる損害も甚大である。したがって犯罪の制御は、社会にとって大きな経済的課題となる。

そしてここで、たとえば殺人による損害は、被害者がそののち生きたであろう人生において稼いだはずの金額で測られる。社会は殺人によって所得の生産者を失ったのだ。犯罪者の行為動機について見るなら、犯罪からの利得 gain が動機を与え、反対に刑罰という損害 harm は犯行を思いとどまらせる。一方社会の側では、犯罪者を摘発し収監するのは利得となるが、そのための費用を賄わなければならない。ではどの程度の刑罰を、いくら使って執行するのが適切なのか。

かなり戸惑うのだが、ベッカーにとってこれは犯罪と処罰をめぐる「規範的」な問いであるらしい。そして、費用と収益の最適なバランスを見出すことが、社会が負担する処罰の限界を定めるという意味で「何をなすべきか」への答えになっているというのだ。つまり、人間行動はすべて費用対効果の観点から計測することができるので、そこから得られる最適解（＝採られるべき犯罪政策）はいくつかの方程式を解くことで与えられる。

こうして「犯罪行動についての有用な理論は、アノミーや、心理学的不適格、性格の遺伝などの特別な理論なしですますことができる。それは、経済学者がごく普通に使っている選択の分析を拡張するだけでいい」(p. 43)。そして「ある人が「犯罪者」になるのは、他の人と基本的な動機が異なるからではなく、犯罪の便益と費用が異なるからである」(p. 9)。犯罪者も一人のホモ・エコノミクスなのだ。

ベッカーはまた、厳罰化はあまり効果がなく、むしろ捕まる可能性が高くなることの方が犯罪を思いとどまらせるのに効果的だと、アメリカの統計をもとに主張する。では、どのくらいの数の警官をどの場所に配置するのが最適なのか。これは社会にとっては予算や費用対効果の問題である。一方の犯罪者にとっては、非合法活動と合法活動とを捕まるリスクと稼げる金額との関係で合理的に配分する際の根拠となる。つまり、取り締まる側も含めて犯罪行為に関わるすべての当事者が、ホモ・エコノミクスとして経済的最適解を求めて行動しているという想定である。

こうなると、骨相学も悪名高い生来的犯罪者説も、優生学も能力のベルカーブ論も、ラベリング理論も社会環境説も、犯罪学の歴史を築いてきた幾多の理論は何もいらなくなる。これらはすべて、犯罪者の人間性や内面やその人格的特徴について説明するための理論であったが、それが不要になるとはどういうことだろう。ベッカーの犯罪と処罰の議論によるなら、ホモ・エコノミクスの人間像に基づく単純明快な心理学、つまり金銭的な損得勘定というシンプルな行動動機だけによって、犯罪と刑罰をめぐる資源の「あるべき」社会的配分を決定できるということになる。

ここには「議論されざる前提」があることに注意が必要だ。それは、犯罪を犯す人間をなんら特別な存在ではなく、費用便益計算に長けたごく普通の人間と見なすという前提である。つまり犯罪者はホモ・エコノミクスだという想定なのだが、本書のこれまでの議論からすると、そもそもこの人間像が、犯罪と縁のない人間についてもはたして妥当なのか疑わしい。それをさらに拡張し、人間行動の基準＝尺度＝モデルとすることで、ベッカーはますます現実離れした、かつ自足的な新自由主義の眼鏡をかけて見た世界像を作り上げていったように見える。

たしかに、犯罪者が犯罪と刑罰との比較考量を行うことは十分ありうる。ベンサムだってベッカリーアだってそう言っている。警察に金をかければ取り締まりはさかんになるだろう。だがそれは事柄のごく一部でしかない。犯罪者が犯罪者に「なる」までには途方もない道のりがある。人にはそれぞれ幼少期からの人生の物語があって、その上にいまのその人があるのだから。映画「プリズン・サークル」を観ると、一般的に模範囚とされる島根あさひ社会復帰促進センターの受刑者たちに、揃いも揃ってこんな過去があるのかと驚かされる。犯罪行為は長い人生の中の一つの出来事なのだ。そこに、ある時点での資源の最適配分の「解」として捉えられる要素は少ない。

警察だって何のために取り締まりをしているのか、費用対効果とどの程度関係がある活動なのかよく分からない。警官たちはやりたくもない職質をして、どんどん陰険なことを聞かなくてはいけなくなる。その果てには「ランボー First Blood」の意地悪保安官のような人物ができ上がるかもしれない。あの保安官の行動は費用対効果ではまったく説明ができない。当人にとって損害が無限大であるだけでなく、警察にとっても社会にとっても大損害だ。警察署も大破してしまった。もっともベッカーなら、保安官の差別への taste の証拠としてその死に至るすべての費用を計上するのかもしれないが。いずれにしても、犯罪と刑罰をめぐる長い長い物語に対して、費用と収益が均衡する点が刑事政策の最適解とは、あまりに抽象的で、あまりに現実離れした設定ではないだろうか。

†人的資本論

ベッカーが取り上げた多様な領域のうち、最後に「人的資本 human capital」について検討する。人的資本について論じたのはベッカーだけでなく、シカゴ学派で人気を博したテーマである。シカゴ学派に人的資本論を導入したのは、ベッカーよりやや年長のミンサー Jacob Mincer（1922-2006）だと言われる。ベッカーはこの概念を注意深く再検討し、それを需要と供給の経済理論によって説明しようとした。

ベッカーによると、人的資本は経済主体が投資する資本の重要な一部であるのに、これまで全面的に無視されてきた。経済学は物的資本の投入と産出に関心を集中し、人的資本については「労働力」として単純に時間単位で測られるだけだったのだ。しかし、すべてを欲求と財の配分の用語で説明するためには、経済における労働の面にも切り込んでいかなければならない。

人的資本への投資とは、「人々の持つ資源を増大することによって、将来の貨幣的および精神的所得の両方に影響を与えるような諸活動」（ベッカー『人的資本』11ページ）を指す。ちなみにベッカーたち人的資本論を支持する人々の世界では、人間活動はすべて、貨幣所得を増減させるか、そうでなければ精神的な所得である消費を増減させる。たとえば工学や農学などの実用的学問は、将来の貨幣所得増大に役立つ部分が大きい。これに対して、教養や文科系の学問は主に精神的満足を高めるという意味で、所得（＝消費）の源泉となる。それは学び手によって、あるいは社会によって貨幣換算されずに「精神的に」消費されることになっている。教養は金にはならないが、心の満足（＝消費）を与えるという説だ（この点は、シュルツ『教育の経済価値』に詳しく書かれている）。

また企業は、収益改善のために設備投資を行い新商品を開発する物的投資と同じように、雇用者の人的資本に投資を行う。たとえば、職場訓練、研修、スキルアップのためのさまざまな方策は、実地教育の一環であり、人的資本への投資である。それだけでなく、いわゆる「福利厚生」、つまり雇用者の心身の健康を保ち職場環境をよくする施策も、人的資本への投資の一つである。これらによって企業の業績が向上したらそれは投資の成功で、人的資本からの収益が上がったと捉えられる。モノと同じく人も、投資すればリターンがある。企業とは、物的資本と人的資本の双方に投資することで、収益を上げることを目指す組織体なのである。

予想がつくかもしれないが、人的資本論においては、個人もまた一つの企業体と見なされる。その人が経営者であろうと雇用者であろうと、あるいは働いているか否かにかかわらずだ。ここで所得は、労働に対する「賃金」ではなく、人的資本を用いた活動に対する「収益」として捉えられる。だからたとえば、大学に進学する人間がそこにいくら投資するかを計算するときに、その間にかかる学費や生活費だけでなく、もし代わりに働いていたら得られたであろう収入も、「放棄機会」として経費に計上される（機会費用や機会損失と似た考え方である）。

つまりここで人は、自分が所有する時間を最適配分する主体なのである。一生涯という限られた時間を、精神的満足という収益を与えてくれる消費と、教育や資格取得など人的資本への投資、そして労働という収益を得るための活動の三つの対象に最適に配分することが、個人の生を形づくる。人は自己の効用を極大化するように、消費、人的資本への投資、収益のための活動へと、限られた時間を割り振らなければならない。まさに時は金なりだ。

そして人的資本にどの程度の投資がなされるかは、期待収益率によって説明される。元手のかかる投資をしても将来的にそれに見合う収益が得られそうになければ、人は一定以上の投資はしない。たとえば幼少期からクラシック音楽の英才教育を受けても、その道で高収入を得る可能性は低く、しかもプロになるまでに莫大な資金と時間が必要である。そのためこうした投資を行う親はどんどん減っている。

文系大学院生の数が一時期よりかなり減っていること、また法科大学院の多くが定員割れを起こして「廃業」に追い込まれていることなども、期待収益率ということばを使えば理解が容易になる。目下医学部は空前の人気だが、これは他の職業に比べて医師の期待収益率が高いからだろう。ベッカーの考えによるなら、人的資本への投資に関して人は非常に合理的で、たとえば親が女子の教育に男子ほどお金をかけないのは、女子が将来高収入の職に就く可能性が低いことを、皆がよく知っているからということになる。

†教育は費用対効果で計れるか？

人的資本論はかなりグロテスクな理論に見えるが、利点もある。たとえばシュルツは、低開発国の経済成長のためには人的資本への投資が重要であることを強調した。というより、そもそも彼が人的資本論に関心を抱いたのは、経済成長を理解する上で物的な投資や資源にばかり注目が集まってきたことへの不満からだった。国民が受けている教育の質が経済成長にとっていかに重要かを人々に納得させるには、人的資本はとても便利な概念だ。またたとえば、女子教育に力を入れること、主婦などの眠れる人的資本を活用すること、マイノリティの就学機会を増やすことなどが経済成長にとって重要であることも、人的資本とそこからの収益という用語を使うと理解しやすい。

これに加えてシュルツは『教育の経済価値』（一九六三年）で、人的資本論は人々が「どんな社会を望むか」に応じて多様な政策を提言できることを指摘している。

たとえば、教育に関する経済政策は、それが何を目指すのかによって方向性がまったく異なってくる。貧富の差による収入の格差を減らしたいのか。能力があって貧困な人と能力がないのに富裕な人との人的資本への投資のチャンスを逆転させたいのか。すべての人が等しく無償や低利の奨学金を得られるようにしたいのか。入学の時点ではスクリーニング試験のみにして、あとで学生を選抜していく方が平等あるいは公平と考えるのか。能力に見合った収入になるようにするため、収入や人的資本投資の不均等（能力ある人がよりよい収入を得て、より多くの投資を行う）が広がってもそれを容認するのか。これらは、限られた元手での投資の用語で教育政策全体を論じようという試みである。

そうすると人的資本論は、社会的な資源配分をどのように変えるとどんな社会になるかを予言することができるので、政策提言のためには有用だということになる。たしかにある一定の範囲で考えればそうかもしれない。しかし人的資本論の語り方自体に抵抗感を持つ人も多いだろう。そのあからさまで身も蓋もないものの見方、世の中全部をカネ勘定で捉えればいいという考えには、なかなかついていけない。そもそも人間観があまりに退屈だ。ぶっちゃけて損得を持ち出せば偶像破壊の先端学問になるってわけでもないだろう。世界にはもっと奥行きがあり、喜劇と悲劇に満ちているはずだ。

現にシュルツもベッカーも、シカゴ学派の当事者たち自身が、人的資本論や教育の経済学には社会的な抵抗が大きいと指摘している。それはなぜか。一つにはすでに指摘したように、彼らの世界叙述における陰影の欠如、人間の感情や判断をすべて損得勘定に還元してしまうことへの抵抗があるだろう。だがそれにとどまらないのは、人的資本論と昨今の日本におけるさまざまな改革言説に見られる「メンタリティ」との共通点から理解できる。人的資本論の最大の特徴は、教育を投資と収益の観点からのみ捉えるところにある。こうした捉え方は、教育を見る際に他の要素を捨象し、収支という観点を基準に教育のあるべき姿を語ることを一般化させはしないだろうか。人々の抵抗感は、こういう方向のもたらす未来に対する「嫌な予感」から来るのではないか。

†日本の「大学改革」

たとえば一九九〇年代以降の日本では、「大学改革」の名の下に国公立大学に「採算」の視点を導入し、「成果主義」と称して予算の重点配分を行ってきた。もちろんこうした改革の大もとにあるのは、日本政府が貧弱な教育予算をさらに削減し、文部科学省に財政上の圧力がかかってきたという事実だ。

日本は、オリンピックには当初の想定の何倍も金をつぎ込むのに、次代を担う人々の教育にかける予算には容赦がないという、とても不思議な国だ。大学教育、なかでも「実学」とは異なる教養教育を担う学部や部局、とりわけ教員養成大学や教育学部は集中砲火を浴びてきた。それにとどまらず、社会科学系の学部でも、数式とデータで武装したアメリカ仕込みの「実証」的理論がメインストリームとなったのに対して、思想や歴史教育は何かの遺物であるかのような扱いを受けてきた。こうした学問は社会に出たら役に立たないので、もっと実学や職業に直結する教育に予算を重点配分すべきだというのだ。実務家出身の教員を増やす数値目標なども、この流れの一環である。

こうした施策は、教育を費用対効果、あるいは収益と損失の観点から捉える点で、人的資本論の考え方を受け継いでいる。ここでは、就業後に所得を増やす手立てにならないと見なされた学問研究はすべて、収益につながらない「精神的消費」として計上されるのだろう。ただし、それ自体生きる上での潤いや贅沢でしかないものではあっても、精神的消費の重要性を一応は認めていたシカゴ学派第二世代と異なり、日本の大学改革においては精神的消費の役割は重視されず、それに言及すらされないままだ。

大学を序列化し、グローバルを超えたスーパーグローバルという語義不明な高みを目指すごく一部のエリート大学（二〇二一年現在、この名称の後継として「世界と伍する研究大学」が用いられている）と、職業に直結する技能を学ぶローカル大学（＝職業訓練校）へと分けるという提案も、大学がいくらくらいの社会的収益をもたらすかという発想からくる。大学の社会貢献とは、それが産み出す金額のことなのだ。もっとも制度ができてみれば、鳴り物入りではじまった専門職大学の実態は、専門学校が大学になったということらしい。少子化による大学余りの現状でまた大学の数を増やし、大学新設に直接権益を持つ人たちの懐を潤しただけだったということになる。推進者たちは、日本の収支計算よりも自分たちの収支計算が大事だったのだから、まさにホモ・エコノミクスを地で行っている。

現在の日本の大学の窮状は、少子化で子どもの数が減ると分かっているのに全体の定員を増やした、一九九〇年代から行われた大学・学部新設の規制緩和（大学設置基準の大綱化）と、出口がないのに大学院生を増やした大学院重点化政策のせいである。大学設置の規制緩和は、従来の経済領域を越えて規制緩和を進めるという、教育という分野の現状も将来像も顧みない非合理な政府の経済ビジョンに基づく改革であり、少子化時代に大学の乱立をもたらした。大学院重点化は、博士号取得後の新たな就業の道筋をつけないまま大学院の定員を増やすという、排出口のない下水管のような政策であった。任期つきの教職を増やして急場をしのいでいるのが現状である。

こうした政策は当然暗礁に乗り上げたが、セットで出てきたのが、大学経営のスリム化・効率化という目標である。教育の質を高められず、採算が取れない大学は努力が足りないのだから、一般企業と同じように倒産してもしかたない、国立大学も学長のリーダーシップの下に収支計算と経営努力を行うべきだという話である。これは完全に話のすりかえ、政策の失敗の大学への責任転嫁ではないだろうか。

このような主張の中には、収益や採算といった金銭に関わることばがちりばめられている。

ここには人的資本論の影響を容易に見てとれる。ついでに言うと、教育領域で経済や経営の用語で現状批判がなされる場合、新自由主義と市場の用語は「擬似的な市場」の想定を通じて濫用されている（これについては「大学改革における統治性」〈重田『隔たりと政治』所収〉という論考でかつて指摘した）。実際には学校という世界に商品経済をモデルとするような競争市場が作られるなど、あり得ないことだ。教育市場でどうやって価格が決まるかを少しでも考えてみるなら、競争や市場といった用語があくまで比喩にすぎないことが分かる。

そしてまた、国立大学の学長や総長は、企業の社長やCEOとはおよそ異なる組織に属する、まったく別の存在である。それを、企業経営をモデルにトップダウンにして意思決定を迅速にすればいいとしてなされた国立大学の組織改革は、学長による独断的な大学運営や、そもそも学長選考に一部の有力者が不透明な圧力をかけるなどの負の結果をもたらしている。学長による病院長解任で話題になった旭川医科大学だけでなく、東京大学、筑波大学、大阪大学、京都大学、大分大学、下関市立大学、福岡教育大学など、日本中の多くの国公立大学においてガバナンスの問題が次々に指摘されている。

ここに見られるように、市場の言語を真似て導入された擬似会社的組織運営が、市場主義の理念と正反対のはずの独裁や専制を招き入れるとは皮肉である。もっとも実際には、独裁・専制と市場主義とは親和性が高いのかもしれない。これはたとえばピノチェト独裁下の「チリの実験」に見られるように、市場主義が民主主義を駆逐して導入されてきた歴史を想起することで理解できる。

†人的資本論がもたらしたもの

もちろん、どこをどう取っても合理性を見出しがたい日本の大学改革の失敗のすべてを、太平洋の向こうからやってきた新自由主義のせいにするのはおかしい。しかし、教育を収益と投資の用語で語り尽くすという人的資本論の試みが、学校法人を企業に見立ててその収支や採算をチェックする発想にとって、有力な知的源泉となっていることは否定できない。

シュルツの著書『教育の経済価値』から引用しておこう。「学校は、学校教育の「生産」を専門とする企業であると見なしてよかろう。とすれば、学校全体を含む教育機関は、一つの産業ということになろう」(32ページ)。教育はサービス産業で、教育機関はそれを生産する企業である。そして、需要者かつ消費者である顧客は学生とその保護者で、学生はまた人的資本の生産者でもある。良質な人的資本の産出が教育産業の目標となるが、ここで良質とは高い収益率を上げる資本の生産を意味する。

上記のシュルツの引用を念頭に、次の文章を読んでみてほしい。これは二〇〇三年に、奨学金改革に先立って国会で意見を述べた奥島孝康の発言だ。この人は元早稲田大学総長（法学部教授）で、当時日本学生支援機構を立ち上げる検討会の講座長をしていた。

……高い教育を受けたものはそれに応じた、要するに社会的な収入というものが約束されるということが一つの今の社会のシステムでありますので、そうであれば、要するに教育というものは、……自己投資であります。……投資というのは、やはり自分の責任で自分が担っていかなければいけないというのが基本であろうというふうに考えておりますし、それが現在の社会に生きる者に対する教育的な効果を持つことになるだろうというふうに思うわけであります。（第一五六回国会　文教科学委員会第一一号）

こうした発想で日本育英会が日本学生支援機構に衣替えしてから、奨学金の返済取り立ては苛烈なものとなった。それにしても右の発言は、日本を代表する私立大学元総長の使うことばとしては、あまりに下品ではないだろうか。教育は投資である。自分自身という人的資本に対する投資である。そのためにした借金は自己責任で返すのが当然だ。投資にはそれなりのリターンがあるはずだから。うまく儲けが出ないとしたら、それも自己責任である。このこと（市場競争社会の厳しさと個人の責任の重さ？）を教えるのが教育である。奨学金は学生に市場の厳しさを教えるよい機会だというのだ。あるいは、奨学金とはローンではなく「育英投資」である。教育を受ける間は投資して、社会人になったら年収に応じて「回収」すればいい。これは同じときに、清成忠男法政大学総長（当時）が参考人として行った発言だ。

ここに人的資本論がもたらした、単純かつパワフルな用語法の残響を聴き取ることができる。教育とは、所有者と一体化しているために容易に取り出すことができず、したがってそれを持つものが一生独占的に恩恵を受けることができる、人的資本という特殊な形態の資本への投資なのだ。

2 「緑の革命」——前提としてのホモ・エコノミクス

†シュルツの農業経済学

だいぶうんざりしてきたかもしれないが、シカゴ学派第二世代による経済学の拡張は、農業の領域にも及んだ。そしてこのことは、犯罪などの社会的領域へのホモ・エコノミクスの適用以上の大きな影響をもたらしたといえるかもしれない。農業が近代化される、つまり「ビジネス」になることで、現代のアグリビジネス企業、バイオ企業による食産業のグローバルな支配へとつながったからだ。食と農を牛耳るということは、見方によってはエネルギーや軍事力以上の社会的影響力をもつ。農業は環境問題および世界人口増大との関係で、二一世紀になって食という一領域を越えた注目を集めている。そのうえ、人は一日たりとも食べずには暮らせない。疫病や戦争は黙って過ぎ去るのを待つ人々が、空腹になると暴動を起こす。フランシス・ベイコンの時代から変わらぬ世の常だ。

このように、人の生に不可欠な食と農を扱う農業経済学に、全面的に市場の言語を持ち込んだシュルツが与えた影響は大きい。本章の中ですでに人的資本論の提唱者の一人として名前を挙げたが、ここからはシュルツの農業経済学分野での業績を検討することにしよう。

セオドア・シュルツ Theodore Schultz（1902-1998）は一九四六年から一九六一年までシカゴ大学で教鞭を執ったが、それ以前の経歴は異色のものである。サウスダコタ州の大農場（プーさんの森の五倍以上）に生まれたシュルツは、学問的熱意の薄い風土に育ち、紆余曲折を経て勉学の道に進んだ。優れた才能を教師に見出されて高等教育を受けたシュルツは、学位取得後にアイオワ州立大学で教えるようになった。

アイオワはシュルツの時代にはアメリカ有数の農業州で、コーンベルトの中心をなし、先進的な農業経営で知られていた。ここで大規模な農業調査などを行い、アイオワ州立大学を農業の科学的実証研究で著名な地位に引き上げるのに貢献した。ところが、地元の農業団体の見解と彼の「科学的」見地に基づく推奨事項とが衝突したことをきっかけに、州から研究補助金を止められてしまう。簡単に言うと、バターとマーガリンの栄養価について、シュルツが本当のこと（バターをマーガリンで代用してもとくに支障はない）を言ってしまって、地元の酪農家たちの怒りを買ったのだ。シュルツはこれをきっかけにアイオワを去り、シカゴ大学に移った。

このように、シュルツは農業のフィールド研究から自由主義経済学に接近したので、経済学の応用分野として農学を見出したわけではなかった。

シュルツの発想の特徴を先に説明しておこう。彼が農業経済を研究しはじめたころ、開発経済に関わる研究者はしばしば、低開発国の農業従事者の怠惰や無気力を指摘していた。彼らがもっと勤勉になり、あるいは金銭的な収益に興味を示せば、農業生産力は改善し、生活水準も上がるはずだというのだ。シュルツはこうした考えに疑問を抱く。低開発地域に住む生活水準の低い農民たちは、実際には持てる資源を与えられた条件の中で十分に活用している。それはすでにある種の経済的均衡に達しており、それ以上投資しても収益改善の余地を見込めないほどである。しかも彼らは、利用可能な資源について新しい情報へのアンテナを張り巡らせており、生産改善への関心や努力に欠けるという先入見は誤りである。

つまりシュルツの考えでは、低開発地域の農民たちも、個人の心性としては立派なホモ・エコノミクスなのだ。ただその欲求充足への努力が、生産の増大や生活水準改善に結びついていないだけである。ここにもまたシカゴ学派に特徴的な、あらゆる人間をホモ・エコノミクスと見なすという想定がある。

†慣習的農業

少し詳しく見ていこう。シュルツはまず、農業を「慣習的（＝伝統的）農業」と「近代的農業」へと二分する。そして経済成長という、当時の開発経済学者にとって疑うべくもない至上命題を達成するためには、近代的農業の導入が不可欠であると主張する。こうした主張自体は、農業近代化の文脈の中でよく見られるものだ。だがシュルツの独自性は、それを説明する枠組みにあった。

慣習的農業は次のように定義される。「幾世代にもわたって農民が使用しつづけてきた生産要因に、全面的に依拠しているような農業を慣習的農業（traditional agriculture）という」（シュルツ『農業近代化の理論』3ページ）。「では、生産的でない慣習的農業を生産性の高い経済部門に変質させるにはどうしたらよいか」（4ページ）。

ここでシュルツは、先ほど述べたように、近代から取り残された文化や人間性が怠惰かどうかといった要因は重要でないとする。つまり、低開発地域の人が怠惰の文化の中にいるとか、貯蓄の習慣がないとかいう主張は、シュルツに言わせると根拠がない。そのように行動するよう仕向けられている彼らの経済的動機を、文化の問題にすり替えているだけなのだ。「低所得の人々が現に働いている以上に働こうとする動因が弱いのは、労働の限界生産性がきわめて低いからであるし、また現に貯蓄している以上に貯蓄しようとしないのは、資本の限界生産性もきわめて低いからである」（35ページ）。問題は限界生産性であって、文化ではないのだ。

慣習的農業は長い時間をかけて、その物的・人的資本の配置や利用を最適なものにまで高めている。つまり、現状の生産体制のままでこれ以上の追加投資や追加の労働を行っても、生産性は大して上がらない。その意味で限界生産性が低い状態に到達しているということだ。この一種の均衡状態を打破するには、慣習的農業の仕組みを温存したままでいくら投資や補助金でテコ入れをしても意味がない。つまり、生産のあり方を近代的なものに総取っ替えする必要があるということになる。

ここでシュルツは、慣習的農業がある種の経済性・効率性の完成形にあることを認めている。これはグァテマラ西部のパナハッチェルとインド北西部のパンジャーブという、二つの異なった慣習経済についての研究報告に基づいた主張である。一見するとシュルツは、人類学的な見地から欧米近代とは異なる農業経済に一定の合理性や完成された姿を認めているようでもある。だがシュルツの主張は、低開発を人々の怠惰や浪費癖に求め、それを改めよという軽蔑的な見方より、ある意味でずっと破壊的なものだ。

シュルツによると、どのような農業生産形態も、それを経済学的な見地から分析することができる。現存する低開発地域にこれを適用すると、近代経済と同じくそこにホモ・エコノミクスを見出せる。人々は農業生産のあり方にかかわらず、つねに抜け目なく費用対効果を計算している。その結果、低開発地域は生産性向上が望めない条件下にあるため、無駄な追加投資や追加労働を行わないだけだ。つまり人間は、どんな環境下でもホモ・エコノミクスとして経済活動に従事しているのだ。

低開発地域の人々が、先進地域と同じくホモ・エコノミクスであるにもかかわらず生産が伸び悩むのは、個人の利己心や儲けの追求が足りないからではない。近代的な生産様式を体系的に導入しないかぎり、慣習的農業は人の企業家精神を成長へとつなげることができないのだ。倹約家で市場交渉においても抜け目ないパナハッチェルの人々が、鍬、斧、マチェーテ（ロバート・ロドリゲスの映画のシンボル）を用いつづけ、コーヒーの葉を肥料にし、在来種のトウモロコシを植え、在来種の鶏を飼いつづけるのは、それらをもっと生産性の高いものに変えるための経費に対して、見込まれる追加の収益が見合わないからだ。

結果としてシュルツは、慣習的農業のあらゆる要素を否定することになる。それらをすべて近代的なものに取り替えないかぎり、いくら投資や補助金や支援を受けても経済成長の源泉とはならず、農民たちはいつまでたってもぎりぎりの生活を脱することはできない。たとえば近代的農業においては、卵を多く産む鶏が導入される。ただしこれは、鶏だけ取り替えればいいというものではない。それとセットで栄養価の高い飼料が必要であるし、飼料への添加物はさらに鶏の価値を高める。あるいはハイブリッドトウモロコシの導入は、それ用の農薬や化学肥料とセットでなければ意味がない。

こうした主張は、経済人類学者でもなければ慣習的農業のフィールド調査を直接行う立場にもないシュルツによる、専門外からの自己流の解釈ではない。実は、当時一専門分野として確立されつつあった「経済人類学」において、形式主義と実体主義との論争が起こっていた。そのなかで形式主義者は、学問方法論としてホモ・エコノミクスの前提を受け入れた主流派経済学の分析枠組みを用いることを選んだ。そして、こうした方法的選択に基づく低開発国の農業分野での実証研究の成果が、一九五〇年代から六〇年代にかけて数多く生まれていたのである。シュルツはそうした研究潮流に依拠していたわけだ。

経済人類学の世界で起こったことは、経済学方法論争での理論派と歴史派の争いに似ており、一般理論の適用か事例の固有性の重視かなど、争点の重複もある。ただし、非西洋近代社会へのホモ・エコノミクス・モデルの適用には、経済学方法論争の場合とは別種の政治的問題がつきまとう。したがって経済人類学については、本来なら「ホモ・エコノミクスの拡張」の一例として別に検討すべきだろう。しかし本書ではここで指摘するに止める（論争の概要はハン＆ハート『経済人類学』第4章を参照）。

† 緑の革命

話をシュルツに戻そう。低開発国で農業近代化を推し進めるのに一役買ってきたのが、ロックフェラー財団とフォード財団である。メキシコは「緑の革命」の最初の実験場の一つであった。アメリカ産ハイブリッド種のトウモロコシをメキシコの風土に合うように改良し新たに作られた品種は、シュルツによると成功を収めた。他にもこうした新品種の導入は、じゃがいも、インゲン豆、大豆、園芸作物、牧草、莢豆(さやまめ)などにも及んでいるという。「インドにおけるフォード財団の農業計画や、ラテン・アメリカでのロックフェラー財団の農業計画」(『農業近代化の理論』193ページ)を、シュルツは賞賛している。

近代品種の導入やそれに伴う肥料・飼料、生産方法の変化を受け入れるためには、農民がその有用性を理解するための教育も重要である。近代的農業に関する知識がこれを可能にする。そのためシュルツは人的資本概念を用いて、低開発国の農村人口への教育の重要性を強調する。近代品種の導入とそれによる投資と収益回収の仕組みをいかに使いこなすかは、農民の知識や情報収集能力、そして農地を管理する企業経営的な手腕にかかっているのだ。農業を市場経済に巻き込み農家を経営者にすることは、近代的農業とそれに基づく経済成長のために不可欠なのである。

シュルツのこうした考えは、「緑の革命」を推進する人たちに歓迎され、その理論的な支柱となった。そうなると今度は、この緑の革命なるものの功罪の評価が重要になってくる。緑の革命とは、一九四〇年代以降、すでに挙げたロックフェラー財団やフォード財団、またアメリカ国際開発庁(USAID)と各国政府の支援を受けて、メキシコ、インド、フィリピンなどで、小麦、トウモロコシ、そして稲に高収量品種を導入する巨大プロジェクトである。

トウモロコシでは、実付きがよく害虫に強い種子が交雑(ハイブリッド)によってもたらされた。小麦や稲の場合、「半矮性(はんわい)」という性質が重視された。イネ科の植物では、一つの茎に付く実の数が増えると、茎が長い場合実の重さに耐えられず折れてしまう。これを避けるため、茎は短いのに実は多くつく特性(半矮性)の品種が、交雑によって開発された。メキシコのトウモロコシ・小麦改良センター、そしてフィリピンの国際稲研究所(IRRI)などが、こうした品種の開発に当たった。メキシコのセンターの前身にあたる研究所時代から、ここで高収量品種の開発・普及に努めたのが、ノーマン・ボーローグである。彼は途上国の食糧事情を改善したとして、一九七〇年にノーベル平和賞を受賞した。

興味深いことに、ボーローグと緑の革命の起源をたどっていくと、その一つに大日本帝国における植民地主義があることがわかる。藤原辰史『稲の大東亜共栄圏』は、その副題が「帝国日本の〈緑の革命〉」となっているとおり、このことを明確に意識して書かれている。藤原の主張で注目すべきは、緑の革命への影響が小麦の高収量品種の元になった「小麦農林一号」などの育種に止まらない点だ（高収量品種の開発に対する日本の「貢献」についてはこれまでも指摘されてきた）。「帝国日本が、内地および外地の低開発地域を開発し、内地の化学肥料産業の市場にすべく、現地の矛盾を棚上げし、目に見えるかたちで成果を残す魅力的な品種改良技術を統治の先遣隊として用いた構造は、アメリカが冷戦の中で世界の低開発地域の共産主義化を防ぐために「緑の革命」を用いた構造と、規模こそ異なるが類似している」（『稲の大東亜共栄圏』171ページ）。

藤原の記述から、こういううまい話には必ず裏があることが見えてくる。アメリカの財団や研究者たちは、単に世界の貧困や飢餓をなくすためだけに、善意で途上国の開発に携わったとはとても言えない。もちろん当事者の意識としては、善意の塊だった場合もありうる。だがそこには、収量を増やすことで単位当たりの生産効率を上げる、そのことを通じて自分たちの投資に対する収益率を高めるという、ベッカーやシュルツに見られる収支計算の発想が根底にある。要するに、前より儲かる農業にするという発想で、これが農業の商品化と工業化に結びつくのは明らかだ。

とりわけアジアでは、コメの増産によって人口の爆発的増大に対応することができたということで、緑の革命と半矮性品種は救世主として称賛された。しかし、インドでもフィリピンでも、緑の革命がもたらしたものへの批判が、短期的な成功の大騒ぎのあと、静かな怒りを伴って語られるようになっている。それを最も精力的に、粘り強くつづけている一人が、インドのパンジャーブ州で「タネの学校」を開くヴァンダナ・シヴァである（シヴァの活動については、重田「シン・アナキズム」を参照）。

†「緑の革命」の何が問題か

シヴァをはじめとする緑の革命批判者が共通して指摘するのは、高収量品種のからくりである。まずそれは、大量の化学肥料と水が必要であるため、土壌を汚染し、灌漑などの多用によって地域全体を水不足に陥らせる。また、高収量を実現するために土壌の栄養分が使い尽くされ、土地がダメージから回復するのに間に合わず、やせ細ってしまう。近年インドでは、肥料の消費量に対して収量が伸び悩むという問題が指摘されている。シヴァはこうしたことがなぜ起きるのかについて、分かりやすく語っている。

一つは、「高収量」という場合の数字が単位耕作面積当たりの期末の収量のみに注目しているため、長期（といってもせいぜい一〇年単位）の環境全体への影響がまったく顧慮されない点である。シュルツが好きな投資と収益の経済学は、土地に投下されたタネや化学肥料の価格と、収穫物から得られる利益以外のものを考えていない。シヴァによると、高収量はまやかしで、在来種が持つ周囲の環境との多様で複雑なつながりを断つことで生じる負の効果を算入していない。つまり、単一品種大量栽培がもたらす社会的費用を無視している。

そしてこのことは、そのタネや肥料はどこからくるのかという次なる問いを生む。高収量を謳う品種の開発は、一九四〇年代から六〇年代には国際的な研究機関が担っていた。だがそれは無料で与えられたわけではない。タネだけでなく、新品種から効率的に収穫を得るための耕地の整備、農具の刷新、肥料や殺虫剤の購入費用は、たとえ政府からの支援があったとしても、農家に金銭的な負担を強いた。言い換えればローン地獄だ。農業の工業化は大きな設備投資を必要とするが、それを売っているのは往々にして先進国の企業である。つまりここには、かつて日本の開発援助についてＪＩＣＡが批判されたのと同じような、先進国の援助を介して途上国の資金が先進国企業に還流するという構図が見られるのだ。

農家は投資によって借金を負うだけでなく、それに耐えられない零細農家は生きていくことができず、高収量品種で一時的に儲けた中規模以上の農家との間に貧富の差が広がった。緑の革命がもたらした農業には、ドーピングで新記録を出し身体の健康を損なうスポーツ選手のような面がある。パンジャーブのムクトサル県のブッティワラという村の調査によると、化学肥料による土壌へのダメージを通じた飲料水汚染でがんでの死亡が増えているという。近代的農業が押しつけるコストはタネや肥料の購入代だけでなく、人の生命そのものにも及んでいるのだ。

この意味でカッコつきの「高収量」品種の開発は、かつては交雑（ハイブリッド化）によって行われていた。だがいまではもっと洗練された、遺伝子組換えの手法が用いられている。バイオテクノロジーの進展は目覚ましく、遺伝子組換えタネ企業は「特許」によってタネ＝情報の所有権を独占している。農家は毎年多国籍バイオ企業からタネと化学肥料と殺虫剤をセットで購入しなければ、遺伝子組換えの高収量品種を栽培できない。ここでタネとは情報であり、情報は私的財産として企業によって所有されている。現代では当たり前になった知的所有権なるものの専横は、農業分野でのバイオ企業による国際市場の寡占化につながってきた。

そうなると、農業は農家の方を向いていない。バイオ技術を導入して生まれた食品の安全性への疑念を考えると、消費者の方も向いていない。環境への影響を省みないという意味では、地球の方も向いていない。自分たちの国、自分たちの企業の利益だけが重要という、自己利益の主体が貫徹されている。こうした農業のあり方の発端に、農業を経済的な投資と収益で語り、慣習的農業における資源配分のある種の「均衡」を指摘して、そこに収益改善の余地がないと断言した、シュルツの農業近代化の思想がある。

†その自然資源はどこに消えたか

農業を投資と収益で捉える場合、そこで取れる作物の生産性・効率性以外の要素は考慮されない。それは他の多様な側面にただ気づいていないからではなく、気づくことができないのだ。自然の大きな循環を、投資と収益という小さな人の営みの範囲で捉えることは不可能である。しかも期ごとの利益にばかり気を取られ、それがどれだけ増えたか減ったかを強調する視点は、長きにわたって堆積し循環してきた土壌の栄養分とそこからの恩恵も、土地や水は酷使するといつか枯れてしまうことも、考慮に入れることができない。自然は吝嗇（りんしょく）であることによって、人や生物を末長く養う術を心得ている。そして「慣習的農業」に携わってきた人たちは、その吝嗇の意味を、人間という有限の存在には明確には理解できないとしても、受け入れてきたのだ。

近代的農業は経済成長を生んだかもしれない。だが、それは将来にわたって少しずつ用いられ、そのことによって回復のサイクルを持つ自然資源について、未来の分を先に食い潰すことで得られたものにすぎない。

ここには、第二部で論じてきた経済学の数学化における「無限小への分割」が関係しているように見える。そこでは欲望だけでなく時間も無限小へと分けられることで、一瞬のバランスを均衡解として切り取るという処理がなされていた。だが、時間とは無限小に分割できる均質な何かなのだろうか。たえずつづく運動を一瞬の静止＝均衡として捉え、自然の切れ目ない流れを期ごとの産出量へと抽象化するこうした発想を取ってきたために、経済学の収支計算は長いスパンでの物事の推移を取り扱うことに長けていない。しかもそれが一企業や特定の経営体にとっての収支という狭い尺度で測りきれない、包括的な範囲を対象とする場合にはなおさらだ。

経済学は時間と空間を、自分たちが区切った仕切りの内部でしか取り扱うことができない。もっともこれを遡るなら、近代科学黎明（れいめい）期に時間を可逆的に扱い、また空間から具体性を剝奪することで、近代物理学が成立したところにまでたどるべきだろう。近代科学においては、不可逆の時間や具体性を帯びた空間を理論に組み込むことは難しい。だから環境問題もうまく捉えられてこなかったのだ。線状の可逆的な時間および抽象座標に置き換えられた空間しか前提しない理論においては、不可逆かつ循環的な時間やそのなかで展開する歴史的文化的空間を射程に入れるのは難しい。

では「緑の革命」で汚染され、やせ細った土地の栄養分はどこに消えたのだろう。増大した人口に費やされたとひとまず言うことができる。その人口はどこに住んでいるのか。多くは農村でなく都市である。つまり緑の革命は、農村の自然資源に再生不可能なほどのダメージを与えつつ、そこから収奪したものを都市へと移転させ、都市人口を増やし、都市民の生活を豊かにするために消費するのに役立ったのだ。農村の自然資源がもたらす豊かさはまた、多国籍バイオ企業の莫大な利益を通じて、途上国から先進国へと移転された。そしてまた、農村での貧富の格差を通じて、貧困者から金持ちへと移転された。

だがこういったことはすべて、資源を狭い視野でのみ捉え、私的所有以外の共有や占有における複雑な自然利用の知恵を理解する術を持たない「農業近代化の理論」においては、見えないままなのである。

3　ゲーム理論と社会的選択理論、そして行動主義革命

†ゲーム理論と社会的選択理論

第三部の後半では、市場の経済学の手法を経済学の外側に広げていった例として、政治学の領域に注目する。市場の言語のこの分野への導入は一九五〇―六〇年代に流行しただけでなく、それが前提とする人間観によって、現在に至るまで政治のイメージに一定の影響力を有している。ここからは、こうしたいわば経済主義的な政治イメージが与えてきた影響の深刻さを指摘

した、コリン・ヘイ『政治はなぜ嫌われるのか』のアイデアを参照しつつ議論を進めていく。以下では、「費用対効果」という経済用語で政治を語る基礎を築いた古典的作品として、ダウンズの『民主制の経済理論』(一九五七年)と、ブキャナンとタロックの『公共選択の理論』(一九六二年)を取り上げる。タイトルを見てかなりつまらないのではないかと危惧している読者も多いだろう。正直言って七〇年前の忘れられた最先端の政治学書を読むのは相当に苦痛である。しかし私にとっては仕事なので頑張った。せっかく耐えに耐えて読んだので、できるだけ興味を持ってもらえるように書くつもりだ。

ダウンズもブキャナンも、こうした試みの先駆を自負しているが、ここに至るには前史がある。先にこれを簡単に示しておく方が理解が早いだろう。もっとも、政治学への経済言語の導入の歴史についての定型的な記述はあまり見たことがない。そこで、私が知る範囲でいくつかの源流を挙げておくことにする。

まず、フォン・ノイマンとモルゲンシュテルンによる『ゲームの理論と経済行動』(一九四四年)にはじまる、ゲーム理論の展開である。いずれもヨーロッパからの亡命者である二人は、同じプリンストン大学で教鞭を執っていた。二〇世紀有数の天才数学者として名高いフォン・ノイマンと、彼の「戦略的ゲーム」の発想を経済学に応用することの重要性を察知したモルゲンシュテルンとの共同作業によって、ゲーム理論が新たな分野として確立された。ただし、フォン・ノイマンはヨーロッパ時代の一九二〇年代にすでにゲーム理論の着想を持っていたとされる。

また、ノイマン＝モルゲンシュテルンの名を冠して語られるこの理論のはじまりは、ケンブリッジの夭折した数学者・経済学者・哲学者、フランク・ラムジーにも帰せられるべきものである。ラムジーはケインズ、ヴィトゲンシュタインらと対話を重ねた哲学者で、プレイヤーに特定の選好を仮定した場合の、不確実下での合理的行動に関する数学モデルを作った。

このようにしてはじまったゲーム理論は、その広範な適用可能性によって多分野で流行した。プレイヤーが一定の条件下で戦略的にゲームに参加するというモデルは、その後さまざまな社会領域に応用され、ゲーム理論の研究は現在もさかんである。

つぎに、社会的選択理論の隆盛である。社会的選択理論は、もとをたどれば一八世紀のコンドルセに遡ると言われるが、ケネス・アローの『社会的選択と個人的評価』（一九五一年）によって確立された。

アローは一九七二年にノーベル経済学賞を受賞している。アローの発想と問題解決法は、ゲーム理論やラムジーの不確実下の選択との共通点も多い。アローの功績は、個人の選好が分かっている場合に、社会的なルールはどのように定められるべきかの条件を示した点にある。アローはその研究で、個人の選好のセットと両立できる社会のルールが一つに定まらないケースがあることを示した。ただし、ここで選ばれるべきルールの基準は、それがパレート最適を満たすことである。これが「アローの不完全性定理」と呼ばれるもので、それまで個人の選択のセットから最適な社会的資源配分を一つに定められるという前提をとっていた厚生経済学に、大きな打撃を与えたと言われる。

社会的選択理論は、個人の選好、つまり順序づけを条件として、その社会的な帰結を考えるという意味ではゲーム理論と共通点がある。しかし、ゲーム理論がプレイヤー間での戦略的な相互行為を対象とするのに対し、社会的選択理論は個人の選好と社会的な決定との間の関係を問う点が異なっている。ゲーム理論は「全体」を想定する必要がないが、社会的選択理論ははじめから、集合的決定の解を見出すことを目的としている。いずれにせよこれらの新しい研究領域は、個人の好みや優先順位、あるいは戦略的な行為様式を前提として、複数の人間がいる場合の最適な資源配分を目指すという意味で、政治学への経済学的手法の応用に生かされている。

†行動主義革命

これに加えて、政治学への経済学的手法の応用をもたらした三番目の背景として、政治学自体の重要な変化がある。それが一九五〇年代以降「行動主義革命」と言われた政治学の一大転換である。この自称「革命」は、国家の威信と国際的な影響力の点で世界一を自負した当時のアメリカで、世界標準になりうると信じられたアメリカ的政治風土を説明するために起こったものであった。そのためアメリカと、第二次大戦後にアメリカ学問の輸入に腐心した国々（筆頭は日本）で大きな影響力を持った。八〇年代にも日本の大学の政治学科でこうした政治学が漫然と教えられていたことは、すでに指摘したとおりである。

行動主義 behaviorism は、もともと心理学に起こった思想運動であった。その端緒は「犬のよだれ」の研究をしたロシアのイワン・パブロフに遡るが、方法として確立したのはアメリカのジョン・ワトソンとバラス・スキナーだとされる。行動主義は、観察不可能な「内面」の想定なしに、行動として表れた観察できる事実だけから心理学を構築しようとした。彼らは刺激に対する反応を調べる単純な実験を重視したので、動物を実験に用いることも多かった。動物もいい迷惑だ。それにしても、人の「心」を主題とする心理学の要素として実験的・実証的に観察し検証できる事柄だけしか認めないというのは、なんともアメリカ的だ。

かつてアラン・ブルームは『アメリカン・マインドの終焉』（一九八七年）の中で、アメリカに来ると学問は何でもアメリカンコーヒーのように薄まってしまうと述べた。たしかに、ニーチェ然り、フーコー然り。アメリカ人は何とも割り切った薄め方をする。複雑で錯綜した「思想」が、陰影のない「理論」に姿を変えるのだ。

その意味では心理学における行動主義も、実にアメリカらしい学問といえる。ある人を形づくるのは行動の集まりであって、個性もキャラクターも要素に分解してみれば結局は行動の束である。背後に人格やら内面やらを想定するのは、形而上学か神学の残滓にすぎないということになる。身も蓋もないということばがぴったりくるような考えだが、はじめは犬やマウスで実験していた行動主義は、やがて言語研究や精神医学にも影響を与えるようになる。

そしてこの行動主義が、実証性と科学性の模範として政治学者に歓迎されることになった。政治においても他の社会科学同様、観察されない問題は科学的な考察の対象にはなじまないからだ。そのため、行動という外面に表れた活動こそが、政治学が科学的に解明できる最も重要な対象とされるようになる。選挙と投票行動がいまも政治学の一大テーマであるのはこうした理由にもよる。

行動主義の政治学の代表作としては、インプットとアウトプットからなる「システム」という概念によって政治過程（＝権威の配分の過程）を考察するイーストン『政治システム』（一九五三年）、また圧力団体などの集団による政治の説明を行ったダール『ポリアーキー』（一九七一年）などが挙げられる。後者は多元主義政治論と呼ばれ、複数の集団間の利益をめぐる戦略的交渉を中心とした政治過程の描写であった。ただし、イーストン自身が後年ポスト行動主義者の筆頭として行動主義批判に転じたように、データ重視の実証分析によるためどうしても現状の政治過程の説明と追認の傾向を持ってしまう行動主義は、一九六〇年代にはすでに政治学内部からも批判にさらされるようになっていた。

このあと政治学がたどる紆余曲折は、本書では取り上げない。ここでは一九五〇―六〇年代に、ゲーム理論、社会的選択理論、行動主義の登場を背景として、政治学の科学化に経済学のアプローチによって寄与しようとする人たちが出てきたことについて見ていく。つまり、方法的に雑多で分析手法も多様であった政治学が科学になるために、一足先にその地位を手に入れた隣接学問である経済学に着目する人たちが現れたということだ。

人間が経済合理性を持っており、それにしたがって一貫した行動をとると仮定できるなら、政治行動も同じ合理性に基づいて理解できるはずである。それを記述するためには、経済学の費用便益計算のやり方を採用し、そこに社会的選択理論をブレンドすればいい。つまり、個人の特定の選好を前提とした場合に、集団にとって最も合理的な決定および行動とはどんなものかを、個人および社会が支払う費用と得られる収益との関係から理解するということだ。これを試みたのがダウンズでありブキャナンであった。

4 人は費用便益計算で投票するか

†投票行動の費用と便益

はじめに断っておくと、これから取り上げるダウンズもブキャナンも、出自としては政治学者ではない。経済学の立場から、その政治学への応用可能性を試したことで、政治学の新領域を開拓した人たちである。

アンソニー・ダウンズ Anthony Downs（1930–2021）は、イリノイ州エヴァートンで生まれた。スタンフォード大学で経済学の博士号を得たあと、ブルッキングス研究所に上級研究員として所属した。また、アメリカ住宅都市開発局やホワイトハウスのアドバイザーを務め、ランド研究所の研究員でもあった（当時この研究所は、軍事研究とリンクしてかなり怪しいことをやっていた。詳しくは中山智香子『経済戦争の理論』を参照）。こうした実践的な活動の傍ら、共著含めて多くの著作や論文を出版した。

ダウンズの『民主制の経済理論』は、政治における投票行動を市場における商品売買に当たるものとして捉えている。ダウンズは民主制を、有権者の投票によって政治家が選出され、それをもとに政策が実現されるシステムと考える。そして現実のアメリカ同様、政党に帰属する存在として政治家が行動し、多数派をなす与党によって政策が実現されると想定する。そのため有権者の投票行動に影響を与えるさまざまな事柄を経済学的に捉えられれば、それが政治における「民主制」を記述する経済理論になるというわけだ。

たとえば有権者は、ある政治家や政党に投票する際にいくつかのコストを支払う。それは選挙に行くこと自体にかかるコストでもあるし、誰に投票するかを決める際にかかる情報コストでもある。

有権者はまた、ある政党が多数派になった場合に実現される政策が、自分にとってどの程度のメリット、あるいはデメリットがあるかを比較考量する。自分がデメリットを被る一方で同じ政策がメリットになる人がいるとしたら、その人に働きかけて投票行動を変えさせる方法を考えられるかもしれない。また、政党に政策を変えてもらうこともできるかもしれない。そのための手法にもさまざまなものがある。煽動、買収、陳情、票の買取り、そして圧力団体を通じた働きかけも考えられる。もちろん、これらにはそれぞれコストがかかる。コストの中には通常の金銭的な出費に限られない、評判その他の社会的かつ人間関係上のものも含まれる。こうしたコストを、実現されるはずの政策によって得られる収益と比較することで、有権者は多様な行動の選択肢の中から自らが取るべき道を選ぶ。

かなり驚くことだが、ここで政治的人間は、アリストテレスのゾーン・ポリティコンから、つねに自己利益をはかり収支計算を行うホモ・エコノミクスへと姿を変えている。政治に関わる人は「その人の知識のかぎりを尽くして貴重な産出量一単位当たりの希少資源の投下量をできるかぎり少なく使用して、自分の目標に接近しようとする人」（ダウンズ『民主主義の経済理論』5ページ）となる。この人はまた、「政治人」すなわち「選挙民の「平均人」であり、民主主義モデルにおける「合理的市民」」（7ページ）であるとも言い換えられる。

政党も有権者同様、「合理的」にふるまうと仮定されている。「政権を担う何ものも、選任されずには獲得できないがゆえに、すべての政党の主要目標は選挙における勝利である。このように、政党活動のすべては得票最大化を目指すものであり、また政党は政策をこの目的達成のための単なる手段として扱っている」（36ページ）。そして、「政党はその窮極目的として政権に伴う権力、所得および威信を求める」（115ページ）。

ここまであからさまに言われるとちょっと引くけれど、まあそうなんでしょうね、と思う人も多いだろう。結局みんな、自己利益を実現するために投票する一方で、政治家も権力や富を得るために政治活動をしている。有権者にそれっぽく示される政策は、あくまで票獲得のための手段なのだ。

この見方が、政治不信や政治嫌いとしてブーメランのごとく政治学に返ってくることに、当時の研究者たちは気づいていなかったらしい。政治がこんなものなら、誰が政治に興味を持つだろう。現にこの人たちの書いているものは、読むのがかなり苦痛である。その平板な人間観でさまざまな政治現象を説明されても、だから何なんだ、と呟いてしまう。同時に、リアリズムと科学に基づく政治分析なるものが、本当はリアルでも科学的でもないのではないかという疑念が頭をもたげる。

†経済学のモデルは現実政治を説明できるか?

だがダウンズはブレのない信念に基づき、こうした「現実主義的」な政治観からさらに分析を進める。彼は有権者の政党支持分布と政党の政策との関係を、ハロルド・ホテリングの空間市場の分析を応用して捉えようとする。ホテリングの議論は、競争状況にあるいくつかの経済主体の立地をめぐるものであった。ホテリングはたとえば、ドラッグストアを出店しようとする二社があった場合に、各々がどこに出店するのが合理的かを経済学的に説明できると考えた。このテーマはマーケティングや出店計画において非常に重要であるため、空間市場の研究は現在でもつづいている。

ダウンズはこれを、有権者集団の政策支持のあり方を所与とした場合の、政党による政策の位置取りへと応用した。ドラッグストアの立地にあたるのは、ここでは政党の政策位置である。同じ事柄についての政党ごとに異なった政策方針をマップ上に位置づけ、政党の支持者獲得戦略を立地の変更になぞらえて予想していくのだ。彼の主張の中でおそらくいまでも最も知られているのは、二大政党制においては、二つの政党の政策綱領は互いに似通ってくる(マップ上で近づく）という見解だ。中道的な支持者を奪い合うことで、互いに政策が相手の方に寄っていくからだ。これは当時、現実に照らして説得力があると受け止められた。

ただし現在では、二大政党制の代表格であるアメリカでもイギリスでも、かなり異なった様相を呈している。もっともこれはダウンズ（あるいはホテリング）の推論が間違っていたからではなく、有権者の政治志向が二つに分裂しているせいだろう。ダウンズはこうした分裂が解消されない、つまり政治志向が「二峰的」な分布を示しつづける場合には、政治運営は不安定となり、革命と恐怖政治を招来すると予想している（122〜124ページ）。

このように、ダウンズは市場経済の言語を政治の領域に持ち込もうとするけれど、一方で政治が市場とは異なるために、市場分析をそのまま適用できないことも認めている。その最も大きな理由は、政治における「不確実性」の支配である。私たちは政治において、商品市場のように即座の売買を行うわけではない。投票行動の結果が分かるのは時間が経ってからであるうえに、自分の投票がまったく報われないことも十分ありうる。投票の「値段」は市場における値札のように明瞭ではないのだ。政策についての事前情報も不十分であるし、政党の方でも、突然の社会情勢の変化で思い描いた政策を実現できないこともある。コロナ禍のような非常時における政策の転換を見ればこれは明らかだ。

政治につきまとうこうした不確実性の下で、経済学のモデルはどこまで利用可能で、いかに修正されるべきなのか。これが『民主制の経済理論』でダウンズが追求したテーマだった。ここで基準となるのはつねに市場の経済学である。有権者は「買い手」になぞらえられ、政治に特有の不確実性と情報の限定という条件下で、できるだけ合理的に行動しようとする。そこには特定政党への投票だけでなく、棄権や選挙外の取引、働きかけも含まれる。

他方でそれに応える政党の側もまた、自己利益にとって最善の行動をとる。つまりできるかぎり票を得て（あるいは潜在的反対者の棄権を増やして）政権の座に就き、長期にわたってその立場に居つづけようとするのである。政治過程についてのこうした叙述の中に登場するのは、政治の領域において部分的に書き換えられたホモ・エコノミクスであり、最大の利益を最小の費用で得ようとする合理的な経済主体であった。

5 公共選択論のヴィジョン

†政治経済学宣言

つづいて、ブキャナンとタロックの『公共選択の理論』を紹介しよう。ジェームズ・ブキャナン James Buchanan Jr.（1919-2013）はテネシー州マーフリーズボロ生まれで、フランク・

ナイトの指導の下、シカゴ大学で博士号を得た。ヴァージニア大学、その後ヴァージニア工科大学に職を得て、そこで公共選択論を精力的に展開した。そのため、タロックらとともに「ヴァージニア学派」と呼ばれる。ブキャナンは一九八六年に、公共選択論の功績によりノーベル経済学賞を受賞した。また、元モンペルラン協会会長でもある。

ブキャナンのこうした学問経歴は、シカゴ学派第二世代と重なるものである。ただし公共選択論におけるヴァージニア学派は、シカゴ大学のスティグラーらとは異なった主張を行った。それは、政府や政治家の間で経済市場のような競争がつねに作用するかどうかをめぐる対立である。一般的に言って、シカゴ学派が政治に市場的競争をそのまま当てはめて捉えたのに対し、ヴァージニア学派は政治の世界の固有性を強調した。政治における競争は、一度政権が定まるとうまく機能しなくなるというのだ。つまり、市場との類比はヴァージニア学派においては一定の限定を付されていたということになる。選挙という制度を通じた民主制では、一度成立した政府の行動を政党間競争によって制約することは難しいというヴァージニア学派の見立ては、いまの日本を見ていると説得力がある。

ゴードン・タロック Gordon Tullock（1922-2014）はイリノイ州ロックフォードに生まれ、シカゴ大学法学部で学位を取得した。第二次大戦での軍隊経験ののち外務省に勤務し、香港や韓国に赴任した。外務省を辞めて学術界に復帰し、官僚制の研究に転じた。一九五八年にヴァージニア大学トーマス・ジェファーソン政治経済研究センターでブキャナンの知遇を得、一九六八年からはヴァージニア工科大学でブキャナンの同僚となった。そして、『公共選択の理論』によってヴァージニア学派の代表者の一人と見なされるようになった。

『公共選択の理論』（原題『合意の計算――立憲民主主義の論理的基礎』）は、次の書き出しではじまる。「これは自由人の社会の政治組織に関する書物である。その方法論、その概念装置、その分析は、そうした社会の経済組織を主として取り扱う学問から得ている。政治学の学徒および研究者は、ここで取り上げる主な問題に対する関心をわれわれと共に持つであろう。経済学における同僚は、議論の構成に関する関心をわれわれと共に持つであろう。この研究は、政治経済学のこれら二つの豊かな源泉の間のまさしく微妙な境界線上に存在しているのである」（xvページ）。このいわば「政治経済学宣言」は、よく考えると、彼らの研究が両学問の境界線に位置するというよりは、経済学の政治学への移入であることを示している。

†方法論的個人主義

彼らが最初に置く前提は、「方法論的個人主義」である。これはオーストリア学派やシカゴ学派を含む、個人から出発して社会的なルールや秩序の生成を捉えようとする立場を指す。広い意味では、ホッブズからロック、ヒューム、スミス、ベンサム、そしてフランスのコンディヤックやエルヴェシウスなど、個人の認識や感情から出発して社会を記述する多くの哲学に当てはまる。マックス・ウェーバーもこの中に含める場合があるが、個人の内面の意味理解とその文化的背景にこだわるウェーバーにこれを適用すると、その思想の誤解につながるように思われる。

ブキャナンらの定義では、方法論的個人主義とは「政治社会のすべての争いを、個人の選択肢に対する直面とそれらの間からの彼の選択に還元しようとする試み」(xviiページ)である。ここで個人は、それぞれ異なった意図や目的を持っている、つまり各人が固有の選好のセットを有すると仮定される。そうした個人が集まって共同の選択を行う、すなわち政治的な決定をする際に何が起こるかを理論的に説明するのが、公共選択論である。

ダウンズ同様ブキャナンらにおいても、政治的な合意には費用がかかる。個人はそれぞれの観点から、課される費用より便益が上回ると考えたときのみ、ある社会的ルールや政策に合意する。ここで個人は、「私的財を順序づけるのとまったく同じ方法で公共「財」ないし共同「財」のさまざまな組み合わせを順序づけることができる」(40ページ)と仮定されている。

個人が支払うべき費用には、「直接に統制できない他人の行動の結果として我慢しなければならないと予想される」費用である「外部費用」と、「個人が組織された活動に参加する結果、彼が負担すると予想される費用」である「意思決定費用」とがある(52〜53ページ)。たとえば自分が住む街にカジノを作ることに反対する人にとって、カジノ賛成派の知事が選ばれると外部費用が発生する。これは経済学の外部不経済の例で言うなら、近くの工場からの悪臭に悩まされること（経済活動による負の外部性）と類比される費用だろう。

しかし、カジノ反対の意味で投票に行くには費用がかかるし、反対のために市民団体を組織するとしたら、それにはもっと費用がかかる。つまり、投票に行ったり政治的な意思表示をすることは、直接お金を払わないために分かりにくいが、当人に物理的・金銭的あるいは精神的な負担をもたらすという意味で、費用がかかる行為なのである。ブキャナンらは、外部費用と意思決定費用をあわせて「相互依存費用」と呼び、これを最小化することを「社会的あるいは政治的組織にとって適切な目標」（53ページ）だとする。外部費用と意思決定費用はともに、需要と供給に似た関数を用いた数式（二次曲線）として表現される。たとえば左の図の曲線は、政治的な費用（縦軸）と共同行為をとるのに合意する人の数（横軸）との関係を表している。

このような合理的個人によって構成される社会では、まず人々は共同行為ではなく、私的領域での自発的な調整を試みることになっている。それがうまくいかない場合にのみ、共同行動としての政治的選択、つまり政策や法制化として個人の手を離れたルール作りが試みられる。これも方法論的個人主義からの帰結といえる。

興味深いことに、彼らは政治社会の形成そのものも個人主義的に理解する。それを契約論的理解と言い換えることができるかもしれない。共同行動が私的行動よりも大きなデメリットを個人に与えるとしたら、その人は共同社会に入ることはなく、ある種の自然状態にとどまることになる。だが通常は自然状態の方がデメリットが大きいため、個人は集団形成がプラスサムであることを理解して社会を構成することに合意する。これをブキャナンたちは、市場への参加が交換当事者すべてに利益をもたらすのと同様に、政治共同体への参加は当事者すべてにメリットをもたらすとして、ここでも経済学との類比で説明する。政治共同体と市場はともに、相互利益を生み出す集合体なのだ。

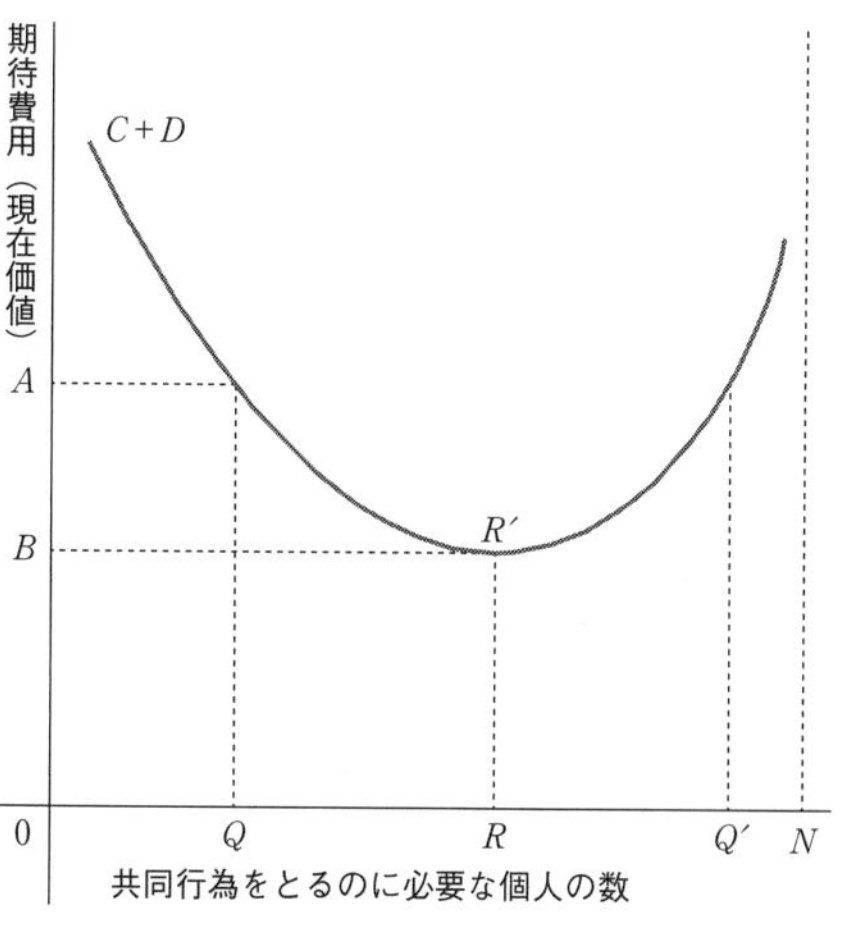

共同行為と期待費用の関係図
（ブキャナン&タロック『公共選択の理論』86ページ）

ブキャナンたちによると、政治や経済の領域に広く見られるこうした相互利益の存在は、商売や取引に関わることを道徳的に見下すような伝統の理不尽さを示している。商売人を道徳的に劣っていると見なす、本書第一部で取り上げたような「前近代的」

な見方は、「政治プロセスを「交換」関係で捉えようとする研究」(307ページ)がこれまでまったく顧みられなかった大きな理由となっている。取引や交換にたとえるなんて、政治の品位が下がると思われてきたのだ。ブキャナンたちは『公共選択の理論』で、このことにくり返し不満を表明している。彼らにとっては、「取引は社会の道徳基準と完全に一致する」(同ページ)行動なので、恥じることはないというわけだ。

†公共選択論の射程

公共選択論が登場した背景には、すでに述べた経済学へのゲーム理論や社会的選択理論の導入、行動主義の隆盛などの方法的な理由以外に、当時多くの先進諸国で、大きな政府、政府予算の増大、そしてそれに付随した官僚制の権限拡張が問題となっていたという事情があった。そうしたなかで、都市計画、道路計画、家賃統制などの現実の政策について、異なった利害を持つ地域住民や開発業者などの間に立ってどのような政策を実現すべきかは、喫緊の課題であった。これについて、個人の意思や選好から切り離された社会的構成関数を持ってきて、政府の公共的な使命を論ずるといったやり方(ブキャナンらにとっての厚生経済学)に疑義を呈し、集団を構成する個人の間での取引・交渉・合意の集まりとして政治過程を理解する方法を示したのが、公共選択論であった。

そもそも現代の多くの人々は、豊かな消費生活に慣れている。生活基本財から贅沢品に至るまで、ほぼすべてのモノを市場を通じて入手し、サービスの金銭取引もさかんである。そして自らの労働を人的資本として売り、収入を得ている。こうした人たちが政治的選択を行う際に、突如として公共善に目覚めて別種の行動原理に従うなどありえるだろうか。「私的生活においてテレビを見て時間を過ごす人や自動車を乗り回す人が、図書館や音楽会や学校の財源を作るための増税に賛成票を投じるわけがない」（350ページ）。

言われてみればたしかにそうだ。学校で教える「他者を思いやることの重要性」は、市場経済社会においては、忘れられるというより否定されている。身銭を切っても自分より不利益を被っている人のために票を投じる行動様式は、市場においてできるだけ少ない労力やコストで多くの収益を上げることこそ理にかなっているという考えとは、どう考えても相容れない。両者を対比させ、市場社会の「リアリズム」に即した政治理論を構築しようとしたのが、ダウンズでありブキャナンとタロックであったと言える。

ブキャナンはダウンズの「民主制の経済理論」に対して、自分たちの試みの方が包括的であると自負していたようだ。それは『公共選択の理論』の原著の副題が「立憲民主主義の論理的基礎」となっていることと関係している。ダウンズの議論は、有権者の投票行動と政党行動との関係にほぼ特化していた。これに対して『公共選択の理論』は、一国の根本規範をなす憲法的ルールに、人々がどのようなプロセスを通じて合意し、社会の基本ルールが作られるかを論じている。その意味で、より包括的な政治理論を志向しているといえる。人は自分の利益になるから社会を作ることに合意し、利益と費用を勘案しながら政治アクターとしてさまざまな決定に参加するのである。

ブキャナンは『公共選択の理論』の「日本語版序文」(一九七七年)で、自分たちの試みをこの意味でジョン・ロールズの『正義論』(一九七一年)に近いものとしている。これは、『正義論』を社会倫理の書として理解することに慣れている日本の読者にとっては、当惑させられる言及である。ロールズが描く正義の世界を、費用便益計算に長けたホモ・エコノミクスが牽引する社会と見なすことにはかなりの躊躇(ちゅうちょ)を伴う。しかし、多様な生の計画を持つ個人から出発し、その人々がどうやったら社会の基本ルールについて合意に至るかを考察するという意味では、ブキャナンたちの議論の構えと『正義論』には共通点がある。

実際彼らはいずれも、個人の合理性という前提から出発して(方法論的個人主義)社会の共通規範を発見するという点では同じ手続きに則っている。ブキャナンとロールズが二歳違いの同世代であることを考慮すると、彼らの同時代性は考察に値する主題になりそうだ。これについては彼らの人間像における「合理性」の中身の違いや、『正義論』第三部の道徳教育に関する部分の重要性などを検討する必要があるだろう。ここではその余裕がないが、ロールズと並べて考えてみると、ブキャナンたちは投票行動というい かにも「実証」政治学になじみやすい素材に飽きたらず、民主社会の立憲的基礎という政治学の根本テーマにまで、ホモ・エコノミクスの人間像を持ち込んだことになる。

これはかなり野心的な試みだ。もっともその後の公共選択論は、立憲制の基礎にまで適用可能だといった強い自己主張からは身を引いていく。ブキャナンらのこうしたある意味大風呂敷な領域拡張には批判も多かったからだ。現実的には実りの少ないこうした大胆な主張よりは、具体的な政策における効率的で合理的な決定の「解」を見出す方に、その後の公共選択論は活路を見出していく。

6 政治嫌いとホモ・エコノミクスの人間像

†「政治嫌い」がなぜはびこるのか

では以上のような、公共選択論、民主制の経済的な理解、またそれらが用いる手法としての社会的選択理論やゲーム理論は、政治に対して具体的にどのような影響を与えてきただろうか。これについて考察するに当たっては、『政治はなぜ嫌われるのか』におけるコリン・ヘイの

「脱政治化」の議論を参照する。この本はタイトルのとおり、現代社会に蔓延する「政治嫌い」がかなり深刻であるという認識の下、ではそれはなぜ起こったのかを考察したものである。このなかでヘイは、人々が政治アクターに抱くイメージが重要な役割を果たしているとする。同書の中でも最も重要な内容を含む第三章で、ヘイは次のように述べる。

一　私たち〔一般的な有権者や政治共同体のメンバー（引用者）〕は政治アクターの悪意を想定している。

二　このような想定は歴史的に珍しいことではないものの……一九八〇年代以降の先進民主主義国に特徴的なものと見なすことができる。

三　皮肉なことに、また深刻なことに、こうした想定は政治エリート自身によっても共有されており、現代の公共政策での基本的な方針となっている。

四　そのような想定は政治エリートによるものであれ、彼らを信任する市民によるものであれ、不幸で意図しない、倒錯した結果を生む。

五　そのような想定をする理由に特別な根拠はなく、これは政治エリートの特質が変わったからではなく、知的潮流の変化によるものと見なすことができる。

六　そのような想定が広く行き渡った原因は、特定の理論群（公共選択論）が一九八〇年代に公共政策に与えた影響に求めることができる。

最後の六はとりわけ注目に値する。結論を先に言うと、ヘイが主張するのは、一般市民であれ政治エリート（政治家、政策立案者、官僚、そして政治学者を含む）であれ、公共選択論のような政治理論のおかげで、私たちは政治家や政治に関わる人間に「悪意」があると想定するようになってしまっているということだ。ただしヘイの論旨を総体的に見ると、悪意という言い方はおそらく強すぎるしミスリーディングである。なぜなら、悪意だけでなく善意も、政治市場で商品化されて票獲得のために利用されるからである。

これを本書の問題意識の下に言い換えると、自己利益のみを追求するホモ・エコノミクスを政治アクターに広く当てはめてしまうことがどんな結果をもたらすか、という問題関心である。自己利益の主体とは、悪意や善意という価値判断の彼岸に存在する、ブレない行動主体である。この人間像が政治に与える影響を、以下に見ていこう。

†現代政治学の混沌

ヘイの議論の検討に先立って、いくつか注釈を加えておく。まず、ブキャナンとタロック自身は『公共選択の理論』で、自分たちの議論は利己的な目的を持つ人以外にも適用できると主張している。しかしこれについては、ジェフリー・フリードマンの次の主張に説得力がある。『公共選択の理論』で実際に行われている分析を見るかぎり、ブキャナンとタロックは自己利益の追求者のみを想定しており、彼らの議論は利己的人間像を前提としなければ、同書におけるような議論の展開ができないというものだ（Friedman ed., *The Rational Choice Controversy*, p. 21-22, note. 1)。

次に、公共選択論や社会的選択理論を論じる際に、一九五〇年代、六〇年代の初期の著作を取り上げることの是非について述べておく。その後も含めて、公共選択論の研究者は経済学を出自とする場合が多い。そして、こうした理論に出てくる人々は自己利益を追求する多かれ少なかれ合理的な、つまり自己の目的にとって適切な手段を選ぶことができる人間である（ただし、意思決定の種類や取り上げられる政策の違いによる合理性の度合いのバリエーションは問題にされている)。しかし、この想定には政治学内部からも批判がある。また、初期の公共選択論が採用した方法論的個人主義に対しても、政治という集団現象の固有性を無視しているとして批判がなされてきた。

このように、ホモ・エコノミクスとしての個人から出発することを疑問視された公共選択論は、一九八〇年代末以降は、「制度論」という異なる出自の政治学の見解を取り入れるようになる。それによって、公共選択論は方法論的個人主義の前提を緩めて、合理的新制度論（合理的選択制度論、経済的新制度論とも呼ばれる）へと変容していった。しかしここでも、政治アクターが合理的な効用最大化を希求するという原則は維持されている。

ただし、政治学の学会報告をぼんやり見ていたりすると、前提とされる人間像にそもそも注意が払われていないケースも多い。実証研究では、選挙での投票先だけでなく、たとえば有権者アンケートに基づく統計分析や、政治家がよく使うワードの政党別時系列集計・分析など、データをまさに「与件」と見なして、そこからの結果導出に注力するような研究が目立つ。ここでは、アンケートに答えた人間が自己利益の主体かどうかは、最初から問題になっていない。

他方で国際政治学の分野では、経済学との接点の少なさのせいなのか他にも理由があるのか、合理的選択理論の導入はアメリカ政治学の中でもやや遅れて起こった。そして現在日本では、国際政治学における合理的選択理論の可能性が、その立場を「イズム」から一線を画する「科学」であるとする主張を伴って検討されている。ここには国際政治の単位を主に国家（に代表される政治組織）とすることの是非、国際関係に方法論的個人主義に立つ合理的選択理論を応用することにからむ問題から、科学としての政治学をめぐる論争で半世紀前に提起され批判された事柄まで、多くの問題が孕（はら）まれている。たしかに国際政治学者は、その学問の創設以来くり返されてきた「イズム」間の対立に辟易しているのだろう。だからといって合理的選択理論なのかと、科学とイズムの素朴な対比に戸惑ってしまう。

政治学の潮流とその方法や立場の多様性については、以上の紹介にとどめる。現状を見るかぎり、政治学の分析用具と潮流は多様で、自然科学のようなある程度共有された手法や前提が確立されているとは言いがたい。そのため公共選択論や社会的選択理論を批判することで、政治学全体のあり方を批判したことにならないというのはもっともな言い分だ（ちなみに私自身も「政治学者」の分類に入る）。

こうした政治学のいわば混沌とした状況を念頭に、以下の記述は、「経済の言語、とりわけホモ・エコノミクスの前提を取るこれまでなかった理論が政治学に導入されたこと、またもっと広く、効率と合理性と損益の用語が広範に用いられることで、政治の見方や語り方に生じた変化」についての一つの仮説として読んでほしい。

†社会的選択理論がもたらした皮肉な影響

ヘイは公共選択論だけでなく、ダウンズの民主制論やアローの社会的選択理論も批判対象としている。そこでここでは、アロー、ダウンズ、公共選択論の順番で、ヘイによる批判を取り上げることにする。

ヘイは次のように言う。「現代の政治不信と政治離れの論理的な源泉を『社会的選択と個人的評価』に求めることは決して間違っていない。他のどんな著作よりも、戦後初期の民主主義のコンセプトに異議申し立てをするのに成功した本だったといえる」(139ページ)。それは一つには、アローの社会的選択理論が政治学における「代数的モデル」の発展を促したからであり、その果実として公共選択論も捉えられるのである。

ヘイは、アローが個人の選好を所与のものとして固定的に考えることを批判する。これはたしかに、ホモ・エコノミクスの概念と共通している。人はある特定時点で特定の選好を持つというのが、アローの議論の前提となっている。仮にこうした選好のセットが前提条件とされるなら社会的選択はこのようになる、という個人と社会の組み合わせが、社会的選択理論の成立には不可欠である。

ヘイは、アローがこのようにして個人の選好を所与とした場合に、参加者の選好の一定の組み合わせではパレート最適となる解がないことを証明したことで、「アローは民主主義を集計手続きに矮小化してしまっている」(140ページ)とする。アローは結果として、選好そのものが変化するという「政治的な」可能性を閉ざしてしまうことになる。それはまるで、個人の選好を討議や説得によって変える可能性がないかのように、読者に思い込ませるのだ。

もちろんアローの側は、ある一定の前提を置いた場合の社会的帰結を、個人の選好と集合的決定との関係として示しただけだと反論できるだろう。彼は自らの理論がどのような具体的制度に当てはまるか、またその政治的応用可能性については何も言っていないのだから。しかし、

「アローの不可能性定理」ということばは現実には一人歩きし、まるで民主主義にふさわしい集合的決定の「解」が数学的には不在であると証明されたかのように受け取られた。実際にはある条件下で複数の個人が特定の選好のセットを有しているときに、パレート最適となる集合的な解がないことを証明しただけなのだが。そもそもパレート最適が最善の政治的決定なのかどうかはとても怪しい。

ここには政治過程につきものの、政策決定者自体を選ぶシステムや、そこに付与される正当性、また政策決定の手続きが正当であると受け止められるかどうか、討議や意見集約のプロセスは適切と見なせるかなど、固有に政治的と考えられる制度的な過程や手続きについての検討は不在である。アローはそのような具体的制度に関わる説明を企てたのではなく、個人の選好と社会の決定についての形式的な関係を数式として述べただけだからだ。しかしそれが拡大解釈されることによって、政治の言語の多様な要素が見過ごされ、パレート最適な解の発見だけが政策の目的であるかのような受け取られ方が生じた。

こうしたことが起こる原因の一つは、数学や数式の効果にあるように思われる。数式が使われることで、あたかも普遍的に妥当する真理が発見されたかのように受け止める人は多い。その数式の意味や設定された前提条件を考慮するなら、そうした受け止めはあまりに大ざっぱなことが明らかな場合にも、こういうことはしばしば起こる。限界革命以降の数学化と形式化を通じて経済学が目指した「科学」を政治学も後追いすることで、政治に特有のプロセスや制度としてそれまで重視されていた事柄がかえって見過ごされるとは、皮肉なことではないだろうか。

†マーケティング化する政治

ヘイはさらに、ダウンズの『民主制の経済理論』を検討に付す。そしてそれが、政党による票の獲得競争を、「市場シェアを奪い合う企業」の競争になぞらえているとする。これについてはすでに指摘してきたとおりである。こうして政治領域は票の獲得競争を行う市場となり、政党や政治家はマーケティングの技術を使って有権者にアピールしようとする主体と見なされる。政治への広告代理店の介入は、きわまるとアメリカ大統領選挙のようになり、ショーの一種と化すだろう。そして昨今では、民主主義にさらに困難な状況をもたらす展開がある。多くの選挙で、ウェブマーケティングの手法を通じて、ギリギリの世論誘導やネット上の意見の操作がなされているのだ（こうしたテクニックについては、バートレット『操られる民主主義』に詳しい）。

こうなると有権者は、政策の中身ではなく政党やリーダー個人への「信頼感」といったつかみどころのない何かを重視するようになり、政党の側でも人気取りのためのイメージ作りが重要になる。これが加速すると、有権者が投票によって実際にどのような「効用」を得られるか自体も定かでなくなっていく。イメージの先にある政策は見えないままだからだ。

これが常態化すると、人気のある商品をイメージにつられて買うように政治家を選ぶことにバカバカしさを感じる人々も出てくる。当然のことだが、この人たちは投票に行かないという選択肢に傾くことになる。「選挙を市場に見立てることは、有権者を原子的な合理的消費者へと矮小化することを意味し、そして原子的な合理的消費者にとっては棄権こそが合理的な行動となる」（『政治はなぜ嫌われるのか』160ページ）。

†公共選択論と「オーバーロード」

ヘイによると、これらにも増して政治不信や政治嫌いを増幅させたのが、公共選択論であった。公共選択論は、「政治アクターや公僕〔＝官僚（引用者）〕が合理的であり、「効用関数」……が最大化され、目の前の選択肢を費用対効果から計算しているかのように想定する」（130ページ）。そしてここで、こうした前提に立つ公共選択論と政治不信とを関係づける蝶番（ちょうつがい）の役割を果たしたのが、新自由主義だとされている。

ヘイはこのことを説明するため、公共選択論が主張した「過重負担〔オーバーロード〕」説を取り上げている。政治的過重負担説とは何か。それは主に石油ショック以降の経済危機において、政府の予算が大きすぎ、国家や政府に過大な負担がかかっていると主張した。

先ほど述べた通り、一九六〇年代にはすでに、民主国家における政府予算の拡大と権限増大が問題となっていた。アメリカではこうした危機感は、ケインズ経済学と需要創出政策への批判となって噴出した。公共選択論の前提によるなら、政治家は票を求め、有権者は自己の利益を実現する政策を求める。その結果出てくるのは、政治家が有権者に次々と金のかかる政策を約束することである。現代では「ポピュリズム的」とも言われるこうした人気取りの政策は、当時政治的に重要なアクターであった圧力団体を通じたバラマキ政治の様相を呈するようになると考えられた。つまり際限のない放漫財政に陥るということだ。

ホモ・エコノミクスの前提に立つなら、人間の強欲は所与であり変えることができないし、変える必要もない。そのためこうした悪循環を解決するには、政府が担ってきた領域を市場に任せることが、有力な選択肢となる。自分たちで勝手に想定した人間像に基づいて、自分たちが推奨する政策しかないかのように語るというのは、議論の不当な限定による結論の誘導である。

だがこの単純なやり方は、低成長時代の新しい政治と社会の関係を模索する人々に魅力的なものに映ったのだろう。日本でもよく知られているとおり、市場化論は広く受容された。市場への移管という選択肢は、民営化、規制緩和、構造改革、財政規律といった、新自由主義的な政策へとつながる。ヘイの見解では、公共選択論が政治学に経済の言語を導入することがその言説に都合のいい足がかりを与えた。公共選択論が新自由主義の言説と結びつくことで、政治が関わるべき範囲を小さくし、費用と利得の計算になじむ民間の経済活動へと権限を移譲しようという方針の正当化に役立ったからだ。

もう一つヘイが取り上げるのは、別の観点からのオーバーロード、すなわち官僚制による過剰負担という考えである。これもまたヨーロッパや日本で広く受け入れられ、新自由主義の言説を正当化するのに役立った。官僚は縄張り意識が強く、「縦割り行政」と表現される制度の下で、自分が所属する官庁ができるだけ多くの権限を持つことを最優先する。これは公共選択論によって簡単に説明できることだ。なぜなら官僚にとって市場における金銭的利益に当たるのは、監督官庁としての権限や予算配分の大きさだからだ。それを前提とするなら、官僚制下における政府からの政策供給は、つねにより大きくなることを目指すだろう。

日本では民営化論の中で、公務員叩きが「既得権益」ということばとともに流行した。ここでは官僚をはじめ公務員は、公共性に根ざして活動するのではなく、自己利益として自らの所属部署の権益拡大ばかりを考えていると見なされた。これが本当なら、結果として官庁行政は膨張の一途をたどる。しかもここでは官庁間の縄張り拡大が目的なので、市民へのサービス向上にはつながらない。こうした見方によって、官僚が関わることにはすべて疑いの目が向けられ、民営化と市場化こそが健全な社会への回帰であるとされたのである。

こうした官僚不信の垂れ流しは今もつづいており、マスコミも官僚叩きに精を出している。これでは志ある「公僕」となるべき人材が出てくるはずもない。マスメディアは権力を批判しているつもりで、ありうる「公」の像をただの理想論として潰してしまうことに加担しているのではないだろうか。公務員には、公に関わるものとしての自負心や徳やプライド、そして専門家として政策を実現していく高い能力と実行力が必要である。実際にそれを持った人も多いだろう。しかし今のように四方八方から叩かれたのでは、官僚志望者はどんどん減り、公僕としての徳は失われていく一方なのではないか。

†脱政治化の末路

民営化について、ヘイは次のように言う。「公共選択論による想定は、今度はNPM（New Public Management〈新公共経営〉）論の衣装をまとって公的機関の改革に深く刻まれることになった。たとえば民間へのアウトソーシング市場（公立病院の清掃など）や公共部門の内部市場の発展、あるいは公共部門のパフォーマンス達成に対するインセンティヴ付与（学校や病院のランキング）などは、その最たる例である」（150ページ）。

ヘイはこのように、ホモ・エコノミクスの人間像が政治にもたらす影響を、新自由主義が生み出す脱政治化のプロセスと重ねて描いている。そして不思議なことに、こういった脱政治化、あるいは政治が関わるべきだったはずの事柄を「市場に任せる」政策を推奨したのは、政治家や官僚自身であったという。また、こうした政策を根拠づける理論を提供したのは、公共選択論の支持者をはじめとする一部の政治学者だったのだ。

自らの責任を放棄するかに見える、政治の担い手自身が演出した脱政治化のプロセスは、とても奇妙な政治的ふるまいを生み出すことになった。それはたとえば、教育に市場を導入すると称して学校運営を会社風に組織しなおそうとした文部科学省が、競争のルールを決め、予算を配分し、かつ成果の監督者として大きな権益を握るという、市場ならありえない制度設計を生んだ。ルールを決めるエージェントとそれを運営し金を握るエージェントと結果のチェックを行うエージェントがすべて同じでは、正当な競争が生まれるはずはないのだが。

また、コロナ禍に見舞われた日本政府は、民営化や独立行政法人化によって採算のためにさんざん合理化と省力化、経費削減を要求され、公的機能を縮小せざるをえないところまで追い込まれた公的病院に、突如として公衆衛生上の中核的役割を担わせようとしている。あるいは統廃合で人員・事業所数・規模を削減しつづけた保健所に、検査や入院に関する中心的責任を負わせようとしている。

「構造改革」が最初に掲げられた一九八〇年代には、これまで公的資金のぬるま湯に浸かっていた公務員に市場の洗礼を受けさせ、市場に任せれば弱きものは淘汰されて効率的な社会が成立するという見込み（思い込み）があったのだろう。しかし現実に起こったこと、いまも起きつづけていることはどうだろう。社会的なものや政治的なもの、そして公共的な主体が担うべき役割をとことん切りつめてきた結果が、コロナでその脆弱性があらわとなった新自由主義政策の末路ではないだろうか。

†ホモ・エコノミクスは世界の見方をどう変えたか

第三部では、差別、犯罪、労働（人的資本）、農業そして政治へと、ホモ・エコノミクスがその適用範囲を拡大したことを確認してきた。これらのいずれの分野においても、人は費用対効果を計算し自らにとって有利な結果を求めて行動する、欲求の主体であると仮定されていた。こうした人間像の広がりは、犯罪の世界を自立した主体の損得勘定だけで描いたり、人生全体を企業活動として理解したり、農業を巨大産業にすることを推進したり、政治嫌いを助長したり、また政治に割り当てられるべき責任領域を狭めることにつながった。

いずれの場合にも、人間をホモ・エコノミクスとして捉えることの深刻な影響を見ることができる。こうしてホモ・エコノミクスは、世界の見方を変え、社会を理解する文法を変えた。しかしその見方は、自明でもなければ普遍的でもない。人間とは当然こういう存在だという、ホモ・エコノミクスの前提を簡単に受け入れることはできない。それは人間に関するリアリズムを装ってはいるが、実際にはシンプルなフィクションを通じて、人と社会に関する特定の像や変革プログラムを押しつけてくるのだ。それは経済学にはじまり、人間と社会を対象とするさまざまな「科学」に拡張される中で反復されてきた。したがって、気づかないうちに忍び込むこの像と距離を置くことが、別のしかたで世界を見るために必要なのである。

おわりに

人間はどのような存在でありうるのか

†ホモ・エコノミクスは本当に批判されつくしたのか？

本書は、経済学と「富を追う人」あるいは「自己利益の主体」の特別な関係がいかに成立し、それが社会科学の枠を越えてどんな影響を与えてきたのかを考察してきた。出発点ははるか古代、もっと広く「非近代的」な社会全般における富の扱いに置いた。つづいて、資本主義黎明（れいめい）期の人々が富の勃興に対して見せた戸惑い、そして富の獲得を肯定する言説の出現を見てきた。そこからさらに、経済学が「科学」の地位を得て、富を追求する人間像は隣接諸科学へと広がっていった。本書では、こうした長い歴史を取り上げてきた。

富の追求はそう簡単に人間的価値として受容されたわけではなかった。それはいまでも同じだろう。ホモ・エコノミクスなど、ある意味でオワコンの極みだ。富を追い求める人々は、貧困にあえぐ多数者、また未来世代や地球環境などお構いなしに、いまここで自分に富をもたらしてくれる相手と機会だけに関心を持つ。あるいは自分以外の存在を、そういう対象としてのみ扱う。こんな無慈悲で残忍な人間像が、疫病に取り憑かれ、また地球が発熱している二一世紀に歓迎されるわけがない。それなのに、相変わらずホモ・エコノミクスはじわじわといろいろな場所に浸透し、世界を動かす原動力となりつづけている。私たちは知らぬ間に、その人間像を前提とした社会の「構え」にがんじがらめにされている。なぜこんなことが起こるのか。本書はそのからくりを、思想史的な手法で解き明かそうとしてきた。

ホモ・エコノミクスについて、経済学を少しでもかじったことがある人なら、「なにをいまさら」と思ったかもしれない。というのは、経済学においてホモ・エコノミクス批判はありふれたものだからだ。「現在の経済学は一〇〇年前と異なり、ホモ・エコノミクス、つまり完全情報と完全合理性に基づいてつねに最適な行動をする人間像など前提してはいない」。「ホモ・エコノミクスは批判され尽くして、もう経済学の中には、原型をとどめないほど異なる姿でしか残っていない」。こうした反論がなされたとしても、それほど不思議ではない。

しかし、本当にそうだろうか。たしかにホモ・エコノミクスはさまざまに批判されてきた。完全合理性批判としての限定合理性、合理的選択批判としての非合理な動機を含む選択、完全情報批判としての情報の部分的・限定的な特性、合理的な選択は実は愚か者の行いであって、現実の人間は自己利益の最大化とは異なる複合的基準にしたがって行為選択を行っているという主張。ゲーム理論、社会的選択理論、行動経済学、厚生経済学など、多くの領域でホモ・エコノミクスの現実離れした性格が指摘され、修正された脱経済主義的人間像が導入されてきた。だが、こうしたもっともな批判がひっきりなしになされているにもかかわらず、ホモ・エコノミクスはしぶとく生き残っている。もちろんそこには、完全合理性や完全情報といった厳格な条件がつねにあてはまるわけではない。しかし、もともとこのことばが使われるようになった一九世紀に想定されていたような、広い意味でのホモ・エコノミクスの命脈は尽きていない。つまり、自己の経済的・物質的利益を最優先し、それを最大化するように行動する人間である。「自己利益の主体」ともいえるこうした意味でのホモ・エコノミクスは、このような単純化された主体の想定は経済学にとってむしろ有害だと言われようと、また道義的に見て社会に害悪をもたらすとされようと、一八世紀にこうした人間像の原型が形づくられてからずっと、途切れることなく受け継がれてきた。

†ホモ・エコノミクスは「人間の自然」か？

このようにいうと、今度は別の声が聞こえてきそうだ。「たしかにホモ・エコノミクス、自己利益の人間像を追い払うことは難しい。だがそれは、ホモ・エコノミクスが人間のリアルな現実を映しているからだ。理想としては、自分より他者を尊重し、時に自己犠牲をいとわない利他的人間が望ましいかもしれない。しかし人間とは本来エゴイスティックな存在である。ホモ・エコノミクスはそうした人間の自然なあり方を容認している。こうした「人間の自然」を前提とした経済理論、社会理論が説得的なのは当然だろう」。

本当にそうだろうか。本文で述べてきたように、ホモ・エコノミクスはそれが人間の自然であるかのように見せるレトリックをしばしば利用する。だが実際には、ホモ・エコノミクスがしぶとく強いのは、「人間の自然をそのまま受け入れている」からではない。人間がホモ・エコノミクスのふるまいとは言えない行動をとる場合があることは、誰にでもわかる。そのうえ歴史を繙(ひもと)くなら、近代社会以外にホモ・エコノミクスを見出すことは難しい。だからそれを「人間の自然」というのは無理がある。

私たちは逃れることが難しい「進歩史観」によって、人間はもともと自己利益を図る存在なのに、その「自然」を宗教や社会規範などを通じて抑圧してきた、と考えがちである。だが逆もありうるのではないか。経済的な自己利益の主体を標準とする社会はこれまでどこにも存在しなかったのだから、むしろそれこそが近代になって新たな規範として作られたのではないか。

こう考えるなら、ホモ・エコノミクスはある種の規範性、そうであるべきという道徳的要請を伴って擁護されつづけてきたことになる。ただしその規範性は、同時にいくつかの仕掛けをとおして隠されている。そうした隠蔽は、とりわけ経済学が欲求の体系としての功利主義的な人間理解と結びつき、また数学化・科学化を追求することで、あたかも人間の自然を記述しているかのように偽装することで果たされた。

†新しい言語世界としての経済学の歴史

このようにふり返ってみると、私たちは三〇〇年近くもホモ・エコノミクスにつきまとわれているのだ。一九世紀に徘徊した資本主義の亡霊が、現在でも姿を変えてうろついているのだから当たり前ではある。ホモ・エコノミクスと資本主義は切っても切れない間柄だ。だが私はここで、徹底した資本主義批判を敢行したマルクスとは別のやり方を選んだ。マルクスは近代社会と近代経済学の展開を、資本の秘密、貨幣の秘密、価値の秘密として描いた。これらの秘密を暴くことで、資本主義との真っ向勝負に出たわけだ。本書がたどってきたのはこれとは別の道筋であった。ホモ・エコノミクスという、ささやかで大した中身もなさそうな人間像が、その見かけに反して強い規範性を持って人々を縛りつけ、徘徊しつづけてきた歴史を描くことに専念した。

人はホモ・エコノミクスなどではない。このことは経済学の内外からくり返し主張されてきた。ならばなぜ、ホモ・エコノミクスは執拗に私たちにつきまとうのか。そこにマルクスの価値法則のような解き明かすべき秘密はない。あるのは言説の政治であり、科学の装いで飾られたレトリックであり、考えてみれば小さな営みだけだ。だが結果は甚大である。新自由主義的価値に基づくグローバル化によって、払われた犠牲、流された絶望の涙、破壊された自然と傷つけられた地球は、決して取り返すことができないのだから。

本書で見てきたとおり、贅沢や金儲け、そして富そのものが蔑視され、あるいは危険視された社会から、現代のような富以外の価値を忘却したかのような社会への転換には、長い歴史がある。人はそう簡単に、富と貪欲が大手を振る社会の到来を許したわけではなかった。しかしひとたびそれがある閾を超えると、自己利益の追求者たるホモ・エコノミクスの支配は際限なく広がり、目下私たちにはそこから逃れる術がないかのようだ。こんな社会に誰がしたんだろう。なるべくしてなったのだろうか。

ホモ・エコノミクスの生成と展開は、一人の人間や一つの思想潮流によるのではなく、多くの登場人物たちによる論争や時代への応答を通じてなされてきたものだった。もちろん本書で取り上げることができたのはそのごく一部である。だが、それを見ていくなかで痛感させられたのは、富を擁護し合理的な自己利益追求者からなる世界を構想した人々は、はじめは既存の秩序への挑戦者だったということだ。

ヒュームやスミスは、国王権力に守られた許諾制の貿易や特許会社の存在を公平性に欠けると考えていた。彼らは一部の特権層のみに閉じられた商業と産業のあり方を糾弾し、誰もが経済活動に参入できる開かれた市場と、経済的自立に裏打ちされた市民による社会を構想した。

つまりこの時代の市場の擁護者たちは、巨大な既得権益に立ち向かう市民的権利の擁護者だったのだ。コンディヤックとエルヴェシウスもまた、教会の絶大な権力に功利主義哲学を通じて対抗し、自己の欲望に忠実であるという意味で宗教的くびきから自由な人間像を描いた。ベンサムは、深遠ぶった言辞によって守旧的な階層秩序を温存する当時の道徳を、どんな人も一人として数える平易で平等な功利主義によって置き換えようとした。

また、メンガー、ジェヴォンズ、ワルラスは、第二部で詳細に検討したとおり、既存の学問体系への徹底した挑戦者であった。彼らは自分たちの学問分野の現状を辛辣に批判し、すぐそばにいる主流派やマジョリティを容赦なく攻撃した。新しいことばと思想を使って新しい学問を始めようとする気概に満ちていた彼らは、はじめはなかなか理解者を得ることができなかった。ゴッセンの不遇がこれを物語っている。これまで通用してきた学問的方法に疑いの目を向け、理論を一から作り直そうとして、彼らはかつてなかった道具立てを用いた。なかでもジェヴォンズとワルラスが駆使した数学という言語は、経済学にそれまでにない抽象性と一般性、多分野への応用可能性を与えることになった。

第三部で扱った人たちは、第一部・第二部の偉大な思想家たちに比べると、すでに敷かれたレールの上でそれを他の領域に広げるという、それほど知性を必要としないことをしただけのようにも見える。だが彼らにしてもオリジナルの著作を読めば、新自由主義の亜流のペラペラしたスローガンを掲げる人々とは異なり、かなり工夫を凝らした理論構築をしていることが分かる。新領域を開拓する人々は、いつも実験精神に満ちていると言えばいいだろうか。

新しい言語世界としての経済学を見出した彼ら、とりわけ第一部・第二部で取り上げた思想家たちに共通していたのは、周りは敵だらけで、自分たちが信じるはじめは細く弱い光をたどって新しい社会を描き、新しい学問体系を編み出そうとしたことだ。だが時代が下り、彼らがはじめた「富の科学」「経済科学」、自己利益の主体によって織り成される社会がごく当たり前のものとして認められるにつれ、状況は変化してくる。経済学はさまざまな領域へとその世界像や価値観を押しつけ、他の学問的流儀や政治的立場を追い立てるかのようなふるまいもなされた。

†なぜ「ホモ・エコノミクスの思想史」なのか

本書は、自己利益の主体が標準的人間像であることが当たり前になり、自由市場の擁護かそれ以外かという対立軸しかなくなっているような現代から、過去をふり返る試みだ。その意味で回顧的な視点から、富による秩序の初期の擁護者たち、それを理論化・形式化・数学化することで「科学」として確立した人たち、そして方法として確立された経済学の手法を他の分野に応用した人たちを取り上げることになった。そのため、当人たちの手探りの努力と奮闘を、意図せざる帰結からふり返って必要以上に貶めているように見えるかもしれない。つまり、思想家たちに公正に接していないかもしれないということだ。

だがそうした試みに駆り立てられるほど、ホモ・エコノミクスの価値観は深刻な問題をもたらしている。これについては本文の随所で触れたとおりだ。

ホモ・エコノミクスを前提とする学問は、「人間の自然」としての利己的な経済人を出発点とする客観科学であると主張してきた。それは最初は慎ましく、新しい科学理論をつくり上げるための単純化された仮構的人間像として取り入れられたに過ぎない。ところがいまでは、私たちはホモ・エコノミクスであることを随所で強制されている。そうでない生き方では、少なくとも「勝ち組」にはなれないのだから、自己利益の主体としてうまく立ち回るか、貧乏くじを引いて一生我慢するかの二択の様相を呈している。

その意味で、ホモ・エコノミクスの思想は巧妙な作りをしている。人間は自己の利益を最大化しようとするので、市場こそ最も優れた資源配分のあり方だ。人はホモ・エコノミクスなのだから、市場以外に財の公正な分配を保つ方法はない。あるいは、官僚は狭い利害に囚われて自分が属する省庁の権益拡大を図る。だから彼らの権力肥大化に歯止めをかけるには政治領域の市場化=民営化しかない。これは、根拠もないままに自ら想定した人間像に基づいて、都合のいい市場礼賛や脱政治化を強要する、論点先取の議論になっている。だが実際に、一九八〇年代以降こうした主張はメインストリームでありつづけてきた。

では、ホモ・エコノミクスが仮構され単純化された人間像にすぎないとするなら、人間とはいったいどんな存在なのだろう。どんな存在でありうるのだろう。この問いへの答えは、一つは過去にたずねるべき事柄である。人間はこれまでどんな存在であったのか。これを考える際、ひとりぼっちで野原をさまよい、偶然出会った見知らぬ人と突如として物々交換をはじめる主体など想像しないように気をつけよう。そんな空想にふけるのではなく、歴史に問いかけること、時代も場所も異なるさまざまな社会についての、記録され、口伝えられた生活に耳を澄まし、目を凝らすことが必要だ。

そしてまた、人間はどのような存在であり、どんな存在でありうるかについての、これまでに積み重ねられた哲学的・宗教的思索に問いかけるべきである。人は「政治的＝社会的動物」であったり、「考える葦」であったりする。人の存在は有限性に囚われているが、同時に無限を思考することができる。また、本文で取り上げたヒュームやスミスは、人間の感情や情念の複雑さに目を向けた。そこには合理性＝計算能力とは別のところに、人々の智慧と良識を確保しようとする努力を見てとれる。

教養が足りないので古今のさまざまな人間についてのはっとさせられる考察を挙げることができないが、こうした知は海のように広がり、深いところでつながっている。一般的には人文知と呼ばれるこうした知は、欲望に順位づけしてできるだけ有利な結果を得ようとする存在へと人間を縮減したりはしない。こうした知を、実用性に欠け社会の役に立たず、ただその消費によって満足を得るための財にすぎないと見なすような、知の序列化に乗せられてはいけない。

もちろん、ホモ・エコノミクスとしての人間が、人の一部として存在しないわけではない。誰だって自己利益を求めて行動することは大いにある。だが自己利益そのものも、社会的・文化的な条件の下で、さまざまなやり方で表現されるものだ。なかでも、自己利益が経済的利得の最大化に限られないことは重要だ。そしてまた、自己利益とは異なり、それを抑制したり方向づけたりする別の動機や価値観を、人はつねに持っているし働かせながら生きている。

経済学は人間を抽象化・単純化することで科学としての地位を築こうとした。そこで切り捨てられた人間の多様性はどんなものなのか。そして、はじめに抽象化・単純化があったこと、それによって語りうることに当初は慎重な限定が付されていたことを忘れて、経済学の前提と知見を拡張するのは危険であることを、いつも心に留めなければならない。今後は、経済学の自己抑制と社会的価値観の転換が同時に起こらなければ、「人類が生存する地球」という未来は存在しなくなってしまうだろう。私たちはそういうところまで、将来を食い潰して暴利を貪り、取っておくべきものを先取りして蕩尽し、地球上にいる多くの他者を犠牲にしてきたのだ。

あとがき

本書を構想してから、およそ三年が経過した。はじめの着想は、ホモ・エコノミクスが「人間の自然」「リアルな人間像」を装いながら、実は一つの社会規範として「自己利益のために生きる」ことを多くの人に強いているのではないか、というものだった。このアイデアを何人かに話したもののなかなか理解を得られず、これはそう簡単に説明できるものでも納得できるものでもない話だということに気づいた。自分では当たり前に通じると思っていた話が意外に納得を得られず、というより何を言っているのかそもそもよく分からないという反応をされるとき、そこに著作のテーマが潜んでいることがある。このとき私は、それなりに大がかりな装置を用意しなければ、ホモ・エコノミクスがどういう意味で問題なのかを分かってもらえないことに気づいた。

周回遅れの新自由主義以外の政策の選択肢を明確に示せない日本の政治を歯がゆく思いつつ、いろいろと調べている中で読んだのが、本文でも挙げた荒川章義『思想史のなかの近代経済学』だった。この本は新書とは思えない難解さで読むのに苦労したが、ここに書かれているワルラスの一般均衡理論と力学に関する部分を、もっと平易かつ科学認識論的な知見を踏まえてたどり直したらおもしろくなりそうだと直感した。以前から、ある学問分野で用いられていた装置や概念が他の分野に転用される際に何が起こるか、そもそも誰がどんな目論見でこうした転用を行うのかに、認識論的・学問方法論的な関心を持っていたからだ。

なお、第一稿を書き終えたところで、研究仲間の桑田学さんから、フィリップ・ミロウスキー *More Heat than Light* の存在を教えていただいた。同書のタイトルは訳しにくいが、論争的で問題含み、つまり熱 heat を孕(はら)むもののあまり啓発的 light でない事柄を意味する。経済学への物理数学の適用は、論争がヒートアップしたわりに成果は芳しくなかったということであろう。本書第二部の主題とかなり重なる内容を含む必読の研究書であるが、私の文献調査不足のために参照が遅れ、その内容を十分に反映した叙述ができなかったことは残念だ。

ともあれ、力学と経済学というテーマを通じて、ホモ・エコノミクスの経済学の奇妙な独自性にこれまでなかったやり方で光を当てられるのではないかというのが執筆動機である。そこから山本義隆や有賀暢迪を頼りに、ニュートンの時代の力学のことば遣いを入口だけでも理解しようとする一方、初歩的な経済数学で何が教えられているかを知ろうとして、かなり手こずることになった。しかしこれが本書を準備する上で、最も知的刺激に満ちた体験でもあった。

したがって、本書のメイン部分は第二部で、第一部はプロローグ、第三部はエピローグとなる。だが第一部を書くなかにも多くの発見があり、とくに「金持ち」の価値や社会的地位については、かなり引いた距離感で捉えないといけないと改めて感じた。本文でもそれを強調して書いたつもりだ。なぜ私たちは金持ちを賞賛し富裕に憧れるのか。むしろ金持ちは悪いことをしているに違いないと考えて当然ではないのか。本人の自覚のあるなしにかかわらず、富者は貧者の犠牲の上に富を得ているというのは開闢（かいびゃく）以来の真理だ。それなのに金持ちというだけで厚遇されている。まったく不思議だ。

こんなふうに思うのは、私が子どものころ親に連れられてキリスト教会に通っていたせいで、貧しき者は神に近く、金持ちは汚いという考えを吹き込まれたからかもしれない。そのため金持ちを特別視し一段高く見ることに、いまでもなじめないままだ。こういう素朴な疑問と違和感を大切にすることを、書きながらずっと忘れないようにしていた。

一つ残念なのは、人類学的な視座からのヨーロッパ近代資本主義についての批判的議論に、ほとんど言及できなかったことだ。同じ時代を、たとえばエリック・ウィリアムズの『資本主義と奴隷制』やグレーバー＆ウェングローの *The Dawn of Everything* の観点から見たら、歴史においては語られてこなかったものこそが真実であり、語られざる歴史を取り返すことが政治闘争であることが明白になっただろう。とりわけマックス・ウェーバーの「禁欲」資本主義論が、資本主義の「原罪」を忘却させた力は大きい。ウェーバーの意図はどうあれ、資本主義が自動機械に転化する以前の初発の原動力を禁欲に見出すことは、資本主義の出自を何か厳かでまともなものに見せるのに長らく役立ってきた。『資本主義と奴隷制』でのウィリアムズの議論は、資本主義とは奴隷制であるといった没歴史的な主張ではなく、一八世紀における世界資本主義の「はじまり」の時点に奴隷制がなければ、一九世紀の産業資本主義は起こりえなかったという、ウェーバー－ゾンバルトの議論と同じ時代を取り上げながら、それに修正を迫る視点を持っている。

第三部は、当初は新自由主義者の筆頭としてハイエクを取り上げる予定だった。しかし本文でも触れたが、ハイエクは融通無碍（むげ）で、しっぽをつかんだと思ったらするっと抜けていく。というのも、ハイエクの秩序論には時間性と進化とある種の偶然性が取り込まれており、その構成からは多様なタイプの自由と秩序の関係を描くことができそうだからだ。本文で触れたとおり、これはハイエクという人物とその言動の政治性が与えた社会的なメッセージとは、ある程度独立していると思われる。いずれにしてもハイエクは、ホモ・エコノミクスの思想史にはうまくなじまない。

こうした理由で当初のプランを変更し、前半にフーコーも取り上げたシカゴ学派第二世代を配した。後半はゼミ生の推薦により学部ゼミで輪読した、コリン・ヘイの著書から着想を得て書いた。そのため本書は当初の予定と異なり、政治学についての叙述で終わることになった。

なお、この部分については、政治学科出身にもかかわらず戦後政治学の歴史に疎くその部分の叙述が薄い点を、森政稔さんから鋭く指摘された。森さんから出された疑問や押さえるべきとされた論点に十分踏み込めていないかもしれないが、戦後日米政治学史における「科学性」という大きな問題については、ホモ・エコノミクスの思想史とは別の文脈で改めて取り上げる必要があると感じている。

ホモ・エコノミクスというテーマは、日本では数少ない政治経済学部に属する研究者として、一度は考えるべきものだと思われる。その人間像が政治学にまで越境し、学術だけでなく現実の政治・政策にまで大きな影響を与えているとなればなおさらだ。本文で書いたとおり、私は政治経済学部政治学科の出身で、現在の所属も同じ学部学科である。ところがこの学部ではなぜか、政治学と経済学の交流に乏しく、別々バラバラに教えられている。もちろん国際関係や財政、公共政策や社会福祉などについては重なる部分もあるが、政治学と経済学の連関について意識されることは少ないように思われる（明治大学と早稲田大学は同じような事情である）。政治経済学部の教員は、政治学と経済学という隣接分野の間で少なくともここ五〇年くらいの間に何が起こったかに、もう少し自覚的であってもいいのではないだろうか。

常日頃このように考えてきたこともあり、本書では経済学の政治的な役割や、政治と経済を越境するような言説を取り上げている。とはいえ、私は経済学を「副専攻」的にしか学んだことがないので、経済学者から見たら非常識なことを書いているかもしれない。経済学への興味はもともと強かったが、今回はじめてきちんと読んだ経済学史の重要著作は数多い。そのなかで感じたのは、経済学は裾野が広く、大学研究者、あるいは必ずしもアカデミズムに所属しない研究者やエコノミストを含めると、政治学とは比べようもないほど多くの人がこの分野に関係しているということだ。世界的にも経済学者の数は多く、英語の経済学の教科書がヒットすると一生食うに困らないほど売れると言われる。政治思想などという誰も知らない弱小領域の一研究者が、社会科学の王道を行く経済学の歴史を正面から取り上げるような本を書くというのも図々しい話である。

そのため、通例とは異なり、今回は同僚に原稿を読んでいただいた。あまり知られていないことかもしれないが、早稲田大学政治経済学部はアメリカ流のエコノミクスとポリティカル・サイエンス（通称ポリサイ）中心の講座編成になっているのに対し、明治大学政治経済学部は歴史や思想を重んじており、ことばの伝統的な意味で政治経済学的な内容を持つ講座が比較的多い。そのため経済学科にも歴史と思想の豊かな研究蓄積がある。そこで、明治大学政治経済学部経済学科で経済思想史を専門とする奥山誠さんに無理を言って原稿読みをお願いした。奥山さんは、クソ暑い夏休みに大変な時間をかけて、できかけの拙い文章を読んだ上で丁重なコメントをくださった。新書読者には分かりづらいところや細かな間違いまで指摘していただいたおかげで、自分の見方を少し離れて眺めることができた。奥山さんありがとうございました。もちろんまだ残る間違いの責任はすべて私にある。奥山さんは二一世紀にゾンバルトを研究するというかなり奇特な方だが、経済思想史と政治思想史は、研究者のメンタリティや好みがよく似ており、共鳴できる点も多いと感じた。経済学史学会の方たちと話していても、同じ印象を持つ。

一方で、経済学の数学、数理経済学を専攻されている方々も同じ学部に所属している。本書では経済学の数学化について批判的な立場から言及することが多かったが、数理研究を全否定するなどという恐ろしいことは考えていない。当たり前だが、学問は多様であること自体に意味があるのだ。思想史家の務めは、いま何が起こっているかを、かつて何が起こったかを掘り起こすことによって改めて理解できるようにする、そういうことだと思っている。経済学の「文法」を知らないからこそ出てくる疑問や問いかけだと思って、経済学者はどうか寛容に本書の記述を読んでくだされればと思う。

数式で経済現象を表現することの楽しさは、同僚の動学マクロ経済学者の平口良司さんから、その雰囲気だけは教えていただいたことがある。数学が苦手な私には中身は分からないままだが、経済学の数学を楽しそうに学び、教えている人が身近にいるだけで心が和む。

しかしそうした発見や交流を与えてくれる同僚とのちょっとした会話も、コロナ禍で途切れたままだ。偶然すれ違ったりたまたま居合わせた同僚との学問的やりとりから得られる刺激は、新しい研究対象への意欲をかき立ててくれる。そういう日常を取り戻せることを願っている。

直接には、この新書は筑摩書房の増田健史さんの「書け書け」攻撃から生まれたものだ。新書は三冊目、すべてちくま新書という筑摩フリークみたいなことになっているが、そういう予定ではなかった。つねに書け書け攻撃が繰り出されるせいでこうなったのだが、最初の新書を出してからもう一〇年になる。新書の魅力も欠点も、いろいろと考えるところがあるが、本書ははたして新書にふさわしいテーマや書き方になっているだろうか。クェンティン・タランティーノに倣（なら）って著書は生涯一〇冊くらいでいいと思うので、私の作品もそろそろ打ち止めに近づいている。一冊一冊、それぞれに思い入れがあるが、この本は長いこと懸案だった自己利益というテーマに、自分なりのやり方でやれるかぎりの力で挑んだものだ。その意味で肩の荷が降りてほっとしている。ここで一息ついて、これまで飲み仲間だった増田さんとはこれからは飲み友達として、末長くつき合うことにしたい。

人の考えや感情は、周囲との関わりによって作られるものだ。毎年多くの学生たちと対話することで、私の考えも作られてきた。そしてまた、長く関わりを持ってきた人たちとは、ともに過ごした時間の中で特別なしかたで影響を与えあってきた。こうした関係はホモ・エコノミクスの世界とはかけ離れており、相互的な贈与を伴い、互いに予想外の見返りを得られるからこそ長くつづくものだ。本書は、そうした関係から私が与えられたもの堆積でできている。

……クラの住民たちに見られる社会の慣例は、生来の所有欲を弱めるどころではない。かえって逆に、所有するのはすばらしいことであり、富は社会的な身分の不可欠な付属物であり、個人の徳に付随するものだ、ということになる。しかし重要な点は、彼らにとって所有するとは与えることだという点である。この点でここの住民たちは、われわれとひどく違う。（ブロニスラフ・マリノフスキー『西太平洋の遠洋航海者』第2章）

参考文献（登場順。ただし明確な参照指示が本文にないものを含む）

マルセル・モース／森山工訳「贈与論――アルカイックな社会における交換の形態と理由」『贈与論 他二篇』岩波文庫、二〇一四年、p. 51-466

第一部

ブノワ・ゴダン／松浦俊輔訳『イノベーション概念の現代史』名古屋大学出版会、二〇二一年

アリストテレス／高田三郎訳『ニコマコス倫理学』（上）（下）岩波文庫、一九七一年

アリストテレス／山本光雄訳『政治学』岩波文庫、一九六一年

ミシェル・フーコー／渡辺守章他訳『性の歴史』Ⅰ―Ⅳ、新潮社、一九八六―二〇二〇年

カール・ポランニー／野口建彦・栖原学訳『〔新訳〕大転換――市場社会の形成と崩壊』東洋経済新報社、二〇〇九年

マックス・ウェーバー／大塚久雄訳『プロテスタンティズムの倫理と資本主義の精神』岩波文庫、一九八九年（原著初版一九〇四―一九〇五年、改訂版一九二〇年）

ヴェルナー・ゾンバルト／金森誠也訳『ブルジョワ――近代経済人の精神史』講談社学術文庫、二〇一六年（原著一九一三年）

宮松浩憲『金持ちの誕生――中世ヨーロッパの人と心性』刀水書房、二〇〇四年

大黒俊二『嘘と貪欲――西欧中世の商業・商人観』名古屋大学出版会、二〇〇六年

デヴィッド・グレーバー／酒井隆史監訳『負債論――貨幣と暴力の5000年』以文社、二〇一六年
シィエス／稲本洋之助他訳『第三身分とは何か』岩波文庫、一九五〇年
キム・ギドク監督「嘆きのピエタ」二〇一二年公開
つげ義春「大場電気鍍金工業所」一九七三年（『つげ義春コレクション　大場電気鍍金工業所／やもり』ちくま文庫、二〇〇八年所収）
黒沢清監督「アカルイミライ」二〇〇三年公開
重田園江『フーコーの風向き――近代国家の系譜学』青土社、二〇二〇年
バーナード・マンデヴィル／鈴木信雄訳『新訳　蜂の寓話――私悪は公益なり』日本経済評論社、二〇一九年（原著初版一七一四年、日本語版は後の完全版前半の翻訳）
Francis Hutcheson, *Remarks upon the Fable of the Bees*, 1750（*Reflections Upon Laughter: And Remarks Upon the Fable of the Bees*, Gale Ecco, 2018 所収）
マリー＝モニク・ロバン監督「モンサントの不自然なたべもの」二〇〇八年公開
原村政樹監督「タネは誰のもの？」二〇二〇年公開
イシュトファン・ホント、マイケル・イグナティエフ編／水田洋他訳『富と徳――スコットランド啓蒙における経済学の形成』未來社、一九九一年
ジョン・ポーコック／田中秀夫他訳『マキャヴェリアン・モーメント――フィレンツェの政治思想と大西洋圏の共和主義の伝統』名古屋大学出版会、二〇〇八年
ジェームズ・ハリントン『オシアナ』浅沼和典訳「ハリントンと『オーシアナ共和国』（その二）―（その五）」明治大学『政經論叢』59巻1・2号―61巻3・4号

ジャン＝ジャック・ルソー／桑原武夫他訳『社会契約論』岩波文庫、一九五四年

François Hotman, *La Franco-Gallia, sive Tractatus de regimine regum Galliae et de jure successionis*, Genève, 1573

ノルベルト・エリアス／波田節夫他訳『宮廷社会』法政大学出版局、一九八一年

Henri de Boulainvilliers, *État de la France* I・II, London: T. Wood and S. Palmer, 1727-1728

Alan Hunt, *Governance of the Consuming Passion: A History of Sumptuary Law*, Macmillan, 1996

デイヴィッド・ヒューム／石川徹他訳『人間本性論 第2巻 情念について』法政大学出版局、二〇一一年、伊勢俊彦他訳『第3巻 道徳について』二〇一二年（*A Treatise of Human Nature*, Oxford University Press, 2001）

ジョン・ロールズ／坂部恵他訳『ロールズ哲学史講義』（上）（下）みすず書房、二〇〇五年

ブレイディみかこ『他者の靴を履く――アナーキック・エンパシーのすすめ』文藝春秋、二〇二一年

重田園江『社会契約論――ホッブズ、ヒューム、ルソー、ロールズ』ちくま新書、二〇一三年

デイヴィッド・ヒューム／田中敏弘訳『道徳・政治・文学論集』名古屋大学出版会、二〇一一年（*Essays, Moral, Political and Literary*〔引用は *Political Essays*, Cambridge University Press, 1994〕）

イシュトファン・ホント／田中秀夫監訳『貿易の嫉妬――国際競争と国民国家の歴史的展望』昭和堂、二〇〇九年

赤木昭三・赤木富美子『サロンの思想史――デカルトから啓蒙思想へ』名古屋大学出版会、二〇〇三年

ヴェルナー・ゾンバルト／金森誠也訳『恋愛と贅沢と資本主義』講談社学術文庫、二〇〇〇年

ソースタイン・ヴェブレン／村井章子訳『有閑階級の理論［新版］』ちくま学芸文庫、二〇一六年

メアリー・ハロン監督「アメリカン・サイコ」二〇〇〇年公開
デヴィッド・グレーバー／酒井隆史他訳『ブルシット・ジョブ――クソどうでもいい仕事の理論』岩波書店、二〇二〇年
アダム・スミス／高哲男訳『道徳感情論』講談社学術文庫、二〇一三年（*The Theory of Moral Sentiments*, Oxford University Press, 1976）
堂目卓生『アダム・スミス――『道徳感情論』と『国富論』の世界』中公新書、二〇〇八年
田中正司『アダム・スミスの倫理学――『道徳感情論』と『国富論』』（下）御茶の水書房、一九九七年
ベンジャミン・フランクリン／松本慎一・西川正身訳『フランクリン自伝』岩波文庫、一九五七年
サミュエル・スマイルズ／中村正直訳『西国立志編』講談社学術文庫、一九八一年（『自助論』の初訳タイトル。原著一八五九年、訳一八七一年）
レオン・バッティスタ・アルベルティ／池上俊一・徳橋曜訳『家族論』講談社、二〇一〇年
ダニエル・デフォー／海保眞夫訳『ロビンソン・クルーソー』岩波少年文庫、二〇〇四年

第二部

Uskali Mäki, 'Homo Economicus Under Multiple Pressures,' in Susumu Egashira et al. eds., *A Genealogy of Self-Interest in Economics*, Springer Nature Singapore, 2021, p. 309-325
淵田仁『ルソーと方法』法政大学出版局、二〇二〇年
アダム・スミス／山岡洋一訳『国富論』（上）（下）日本経済新聞社、二〇〇七年
ミシェル・フーコー／渡辺一民・佐々木明訳『言葉と物――人文科学の考古学』新潮社、一九七四年

John Kells Ingram, *A History of Political Economy*, London, Edinburgh, New York, 1888
ジョン＝ネヴィル・ケインズ／上宮正一郎訳『経済学の領域と方法』日本経済評論社、二〇〇〇年（パースキはこの本の原著出版を一八九〇年としているが、これはリプリント版に再録されたケインズ自身による初版序文の日付が一八九〇年一二月一二日となっていたための誤解であろう。出版は一八九一年）

Joseph Persky, 'The Ethology of Homo Economicus,' in *Journal of Economic Perspectives*, Vol. 9, No. 2 (Spring 1995), p. 221-231

Charles Stanton Devas, *Groundwork of Economics*, London: Longmans, Green, 1883

David Syme, 'On the Method of Political Economy,' in *Westminster Review*, Vol. 96 (July and October 1871), p. 206-218

John Stuart Mill, 'On the Definition of Political Economy; and on the Method of Philosophical Investigation in that science,' in *London and Westminster Review*, Vol. 4,& 16, No. 1 (October 1836), p. 1-29, in *Essays on Some Unsettled Questions of Political Economy*, 1844（この論文のタイトルは、'On the Definition of Political Economy; and on the Method of Investigation proper to it,' とも表記される。これは Essays on Some Unsettled... に再録されたときのもの。また、この論文の初出を一八三一年としている場合があるが、これはミルがこの論文を書いたのがその年だったから。出版は一八三六年）

Vilfredo Pareto, *Manual of Political Economy* (A Critical and Variorum Edition), Aldo Montesano et al., eds., Oxford University Press, 2014（初版はイタリア語で一九〇六年出版。*Manuale di economia politica*, Milano: Societa Editorice. 英訳は一九二七年のフランス語版より。一九〇九年のフランス語版で内容の修正と拡充がなされた）

佐々木憲介『イギリス歴史学派と経済学方法論争』北海道大学出版会、二〇一三年
デイヴィッド・リカードゥ／羽鳥卓也・吉澤芳樹訳『経済学および課税の原理』岩波文庫、一九八七年
ジャン・バティスト・セイ／増井幸雄訳『經濟學』（上）（下）、岩波書店、一九二六・一九二九年
栗田啓子「ジッド＝リストの『経済学説史』――20世紀転換期フランスにおける経済学観の変容」『経済学史研究』55巻2号（二〇一四年）、p. 20-36
雨宮昭彦「ジャン＝バティスト・セーあるいは「二重革命」の時代のエコノミスト」『東京都立大学大学院経営学研究科 Reserch Paper Series』No. 25, 2020
Richard Jones, *An Essay on the Distribution of Wealth, and on the Sources of Taxation*, London: Murray, 1831（この本は構想された全体のうちの前半部分で、「地代論」と題されているが、後半は書かれずじまいであった）
フランシス・ベイコン／桂寿一訳『ノヴム・オルガヌム――新機関』岩波文庫、一九七八年
大森正之『持続可能な経済の探究――環境経済思想の軌跡』丸善出版、二〇二〇年
重田園江『統治の抗争史――フーコー講義1978-79』勁草書房、二〇一八年
スタンレー・ジェヴォンズ／小泉信三他訳『経済学の理論』日本経済評論社、一九八一年（原著第三版の訳。一八六二年の大英学術協会F部会の発表を改稿した「経済学の一般的数学的理論の概要」を「付録3」に、数理経済学の著書や論文として第二版でジェヴォンズが作った〔死後の版では妻と息子が付加した〕著作目録を「付録5」に収録）
アルフレッド・マーシャル／馬場啓之助訳『経済学原理』1〜4、東洋経済新報社、一九六五―一九六六年
橋本昭一「Politische Ökonomie, Volkswirtschaft, Nationalökonomie」『關西大學經済論集』28巻5号（一九

七八年), p. 823–838
Lionel Robbins, 'Economics and Political Economy,' in *The American Economic Review*, Vol. 71, No. 2, (May 1981), p. 1–10
Thomas Edward Cliff Leslie, *Essays in Political and Moral Philosophy*, Dublin: Hodges, Foster Figgis, 1879
アマルティア・セン/大庭健・川本隆史訳『合理的な愚か者——経済学=倫理学探究』勁草書房、一九八九年
森村敏己『名誉と快楽——エルヴェシウスの功利主義』法政大学出版局、一九九三年
Auguste Comte, *Cours de philosophie positive*, I-IX, Paris: Rouen Frères, 1830–1842
カール・メンガー/戸田武雄訳『社会科学の方法に関する研究』日本評論社、一九三七年(『社会科学、とりわけ政治経済学の方法に関する研究』に加えて、シュモラーからの反論、メンガーの応答、さらなるシュモラーの応答を訳出しており、一冊で論争の経緯が分かるようになっている)
カール・メンガー/安井琢磨・八木紀一郎訳『国民経済学原理』日本経済評論社、一九九九年
グスタフ・シュモラー/田村信一訳『国民経済、国民経済学および方法』日本経済評論社、二〇〇二年(原著初版は『国家科学辞典』第6巻〔一八九三年〕。日本語訳は同辞典の第三版8巻〔一九一一年〕より)
玉野井芳郎「メンガー対シュモラーの方法論争」『転換する経済学——科学の統合化を求めて』UP選書、一九七五年、p. 85–155
マックス・ウェーバー/松井秀親訳『ロッシャーとクニース』未來社、一九八八年
クロード・ベルナール/三浦岱栄訳『実験医学序説』岩波文庫、一九七〇年
イアン・ハッキング/石原英樹・重田園江訳『偶然を飼いならす——統計学と第二次科学革命』木鐸社、一

九九九年
カール・メンガー／八木紀一郎他訳『一般理論経済学——遺稿による「経済学原理」第2版』1・2、みすず書房、一九八二・一九八四年
カール・ポランニー「メンガーにおける「経済的(エコノミック)」の二つの意味」玉野井芳郎『エコノミーとエコロジー——広義の経済学への道』みすず書房、一九七八年、p. 316-337
Philip Mirowski, *More Heat than Light: Economics as Social Physics, Physics as Nature's Economics*, Cambridge University Press, 1989
原田哲史『19世紀前半のドイツ経済思想——ドイツ古典派、ロマン主義、フリードリヒ・リスト』ミネルヴァ書房、二〇二〇年
川俣雅弘「限界革命にかんする再考察」『三田學會雜誌』111巻3号（二〇一八年一〇月）p. 111-145
米田昇平『欲求と秩序——18世紀フランス経済学の展開』昭和堂、二〇〇五年
Margaret Schabas, *A World Ruled by Number: William Stanley Jevons and the Rise of Mathematical Economics*, Princeton, New Jersey: Princeton University Press, 1990
ロザモンド・ケーネカンプ／内川智子・中山千佐子訳『ジェヴォンズ評伝』慶應通信、一九八六年
アドルフ・ケトレー／平貞蔵・山村喬訳『人間に就いて』（上）（下）岩波文庫、一九三九—一九四〇年
Daniel Bernoulli, 'Specimen Theoriae Novae de Mensura Sortis,' in *Commentarii Academiae Scientiarum Imperialis Petropolitanae*, V, p. 175-192, 1738（英訳 Louise Sommer tr., 'Exposition of a New Theory of the Measurement of Risk,' in *Econometrica*, Vol. 22, No. 1〔Jan. 1954〕, p. 23-36）
Étienne Bonnot de Condillac, *Le commerce et le gouvernement, considérés relativement l'un à l'autre,*

Amsterdam, Paris, 1776

ジュール・デュピュイ／栗田啓子訳『公共事業と経済学』日本経済評論社、二〇〇一年（『土木年報』に掲載された二本の論文と、『政治経済学辞典』の六つの項目を集めた論集。著書のタイトルは訳者による）

栗田啓子『エンジニア・エコノミスト――フランス公共経済学の成立』東京大学出版会、一九九二年

福岡正夫「ウィリアム・スタンレー・ジェヴォンズ――没後１００年」『三田學會雜誌』76巻1号（一九八三年四月）p. 18-54

ヘルマン＝ハインリヒ・ゴッセン／池田幸弘訳『人間交易論』日本経済評論社、二〇〇二年

ニコラス・ジョージェスク＝レーゲン／高橋正立・神里公訳『エントロピー法則と経済過程』みすず書房、一九九三年

Léon Walras, 'Un économiste inconnu: Hermann-Henri Gossen,' in *Journal des Économistes*, 1885, No. 4 (vol. 30), p. 68-90

秋元明「ダニエル・ベルヌイの限界効用概念に関する一考察」明治大学『政經論叢』81巻3・4号（二〇一三年三月）p. 115-132

ジョセフ（ヨーゼフ）・シュンペーター／東畑精一・福岡正夫訳『経済分析の歴史』（上）（中）（下）、岩波書店、二〇〇五―二〇〇六年

トマス・ヴィンターベア監督「アナザーラウンド」二〇二一年公開

レオン・ワルラス／久武雅夫訳『純粋経済学要論』（オンデマンド版）岩波書店、二〇一五年

つげ義春「石を売る」一九八五年（『つげ義春コレクション　近所の景色／無能の人』ちくま文庫、二〇〇九年所収）

岩井克人『不均衡動学の理論』岩波書店、一九八七年
西部忠『市場像の系譜学――「経済計算論争」をめぐるヴィジョン』東洋経済新報社、一九九六年
Stanley Jevons, *The Principles of Science: A Treatise of Logic and Scientific Method*, I・II, London: Macmillan, 1874
上宮智之「エッジワースと経済学方法論争」只腰親和・佐々木憲介編『イギリス経済学における方法論の展開』昭和堂、二〇一〇年、p. 260–290
Margaret Schabas, *The Natural Origins of Economics*, Chicago: The University of Chicago Press, 2005
Margaret Schabas and Neil De Marchi eds., *Oeconomics in the Age of Newton*, Durham, London: Duke University Press, 2003
荒川章義『思想史のなかの近代経済学――その思想的・形式的基盤』中公新書、一九九九年
Nicolas Galbis, 'L'école française contre Walras, économiste hétérodoxe,' in *L'Économie politique*, No. 51 (March 2011), p. 7–32
福岡正夫・丸山徹「効用理論史のなかのワルラス――『要論』公刊百年を記念して」『三田學會雑誌』69巻5号（一九七六年六月）p. 1–20
ウィリアム・ジャッフェ／安井琢磨・福岡正夫監訳『ワルラス経済学の誕生』日本経済新聞社、一九七七年
カトリーン・マルサル／高橋璃子訳『アダム・スミスの夕食を作ったのは誰か？――これからの経済と女性の話』河出書房新社、二〇二一年
マイケル・ポランニー／長尾史郎訳『個人的知識』ハーベスト社、一九八五年
納富信留『ギリシア哲学史』筑摩書房、二〇二一年

トマス・ホッブズ／水田洋訳『リヴァイアサン』1〜4、岩波文庫、一九八二―一九九二年
Philip Magnus, *Lessons in Elementary Mechanics*, London: Longmans, 1875
Siméon de Poisson, *Traité de mécanique* I, Paris: Bachelier, 1833
Louis Poinsot, *Éléments de statique*, Paris: Calixte-Volland, 1803
有賀暢迪『力学の誕生――オイラーと「力」概念の革新』名古屋大学出版会、二〇一八年
山本義隆『古典力学の形成――ニュートンからラグランジュへ』日本評論社、一九九七年
アイザック・ニュートン／中野猿人訳『プリンシピア――自然哲学の数学的原理 第1編 物体の運動』講談社ブルーバックス、二〇一九年
Leon Walras, 'Économie et mécanique,' in *Bulletin de la Société de Sciences Naturelles*, Vol. 45, 1909, p. 313-332
スティーヴ・フリートウッド／佐々木憲介他訳『ハイエクのポリティカル・エコノミー――秩序の社会経済学』法政大学出版局、二〇〇六年
ウィリアム・カップ／篠原泰三訳『私的企業と社会的費用』岩波書店、一九五九年
宇沢弘文『自動車の社会的費用』岩波新書、一九七四年
桑田学「フレデリック・ソディと〈破局〉の経済思想――原子力・気候工学・金融化」『現代思想』43巻13号（二〇一七年一月）p. 186-199
桑田学「思想史のなかの気候変動――化石経済をめぐるジェヴォンズとラスキンの省察」『現代思想』48巻5号（二〇二〇年二月）p. 185-197
重田園江・桑田学（対談）「エコノミーとエコロジーの思想史――経済学が不可視化したものを掘りおこす」

『現代思想』50巻2号（二〇二二年二月）p. 155-173

第三部

重田園江『フーコーの穴――統計学と統治の現在』木鐸社、二〇〇三年

フランク・ナイト／高哲男・黒川亮訳『競争の倫理――フランク・ナイト論文選』ミネルヴァ書房、二〇〇九年

ジェイコブ・ヴァイナー／中澤進一訳『国際貿易の理論』勁草書房、二〇一〇年

ジェイコブ・ヴァイナー／根岸隆・根岸愛子訳『キリスト教と経済思想』有斐閣、一九八〇年

Gary Becker, *The Economics of Discrimination*, Chicago, London: University of Chicago Press, 1957, 2nd ed, 1971

Gary Becker, 'Crime and Punishment: An Economic Approach,' in *The Journal of Political Economy*, Vol. 76, No. 2 (1968) (Gary Becker and William Landes eds., *Essays in the Economics of Crime and Punishment*, New York: National Bureau of Economic Research, 1974 に再録)

坂上香監督「プリズン・サークル」二〇二〇年公開

テッド・コッチェフ監督「ランボー」一九八二年公開

Jacob Mincer, 'Investment in Human Capital and Personal Income Distribution,' in *Journal of Political Economy*, Vol. 66, No. 4, 1958

ゲイリー・ベッカー／佐野陽子訳『人的資本――教育を中心とした理論的・経験的分析』東洋経済新報社、一九七六年

セオドア・W・シュルツ／清水義弘訳『教育の経済価値』日本経済新聞社、一九六四年
重田園江「大学改革における統治性――官僚制と市場のレトリックをめぐって」『隔たりと政治――統治と連帯の思想』青土社、二〇一八年、p. 109-152
駒込武編『「私物化」される国公立大学』岩波ブックレット（No. 1052）、二〇二一年
セオドア・W・シュルツ／逸見謙三訳『農業近代化の理論』東京大学出版会、一九六六年
ロバート・ロドリゲス、アルヴァロ・ロドリゲス監督「マチェーテ」二〇一〇年公開
クリス・ハン、キース・ハート／深田淳太郎・上村淳志訳『経済人類学――人間の経済に向けて』水声社、二〇一七年
藤原辰史『稲の大東亜共栄圏――帝国日本の〈緑の革命〉』吉川弘文館、二〇一二年
重田園江「シン・アナキズム　ヴァンダナ・シヴァ」1〜3、NHK出版ウェブページ「本がひらく」https://nhkbook-hiraku.com/n/n167e6dcfeaf6
https://nhkbook-hiraku.com/n/n8d6156e544a6
https://nhkbook-hiraku.com/n/n5f79beccaa63
ヴァンダナ・シヴァ／浜谷喜美子訳『緑の革命とその暴力』日本経済評論社、一九九七年（原著一九九一年）
西尾道徳「西尾道徳の環境保全型農業レポート No. 245　「緑の革命」で減少した土壌の養分ストックが農業生産を抑制」2014. 2. 24（http://lib.ruralnet.or.jp/nisio/?p=2989）
ジョエル・K・ボーン「人類は食料危機を克服できるか」『ナショナル・ジオグラフィック』二〇〇九年六月号 https://natgeo.nikkeibp.co.jp/nng/magazine/0906/feature01/_03.shtml

コリン・ヘイ／吉田徹訳『政治はなぜ嫌われるのか――民主主義の取り戻し方』岩波書店、二〇一二年
アンソニー・ダウンズ／古田精司監訳『民主主義の経済理論』成文堂、一九八〇年
ジェームズ・ブキャナン、ゴードン・タロック／宇田川璋仁監訳『公共選択の理論――合意の経済論理』東洋経済新報社、一九七九年
ジョン・フォン・ノイマン、オスカー・モルゲンシュテルン／武藤滋夫監訳『ゲームの理論と経済行動』（刊行60周年記念版）勁草書房、二〇一四年
中山智香子『経済戦争の理論――大戦間期ウィーンとゲーム理論』勁草書房、二〇一〇年
フランク・ラムジー／伊藤邦武・橋本康二訳『ラムジー哲学論文集』勁草書房、一九九六年
ケネス・アロー／長名寛明訳『社会的選択と個人的評価』勁草書房、二〇一三年
中谷義和『アメリカ政治学史序説』ミネルヴァ書房、二〇〇五年
アラン・ブルーム／菅野盾樹訳『アメリカン・マインドの終焉――文化と教育の危機』みすず書房、一九八八年
デヴィッド・イーストン／山川雄巳訳『政治体系――政治学の状態への探究』ぺりかん社、一九七六年
ロバート・A・ダール／高畠通敏・前田脩訳『ポリアーキー』岩波文庫、二〇一四年
Harold Hotelling, 'Stability in Competition,' in *The Economic Journal* Vol. 39, No. 153, p. 41-57
ジョン・ロールズ／川本隆史他訳『正義論〔改訂版〕』紀伊國屋書店、二〇一〇年
Jeffrey Friedman ed., *The Rational Choice Controversy: Economic Models of Politics Reconsidered*, New Haven, London: Yale University Press, 1996
ヤン・エルスター／染谷昌義訳『合理性を圧倒する感情』勁草書房、二〇〇八年

多湖淳『戦争とは何か――国際政治学の挑戦』中公新書、二〇二〇年
日本国際政治学会『国際政治』181号（国際政治における合理的選択）、有斐閣、二〇一五年
ジェイミー・バートレット／秋山勝訳『操られる民主主義――デジタル・テクノロジーはいかにして社会を破壊するか』草思社、二〇一八年
重田園江「パンデミックと再政治化の行方」『神奈川大学評論』98号（二〇二一年）p. 50-58

おわりに

Dale Miller, 'The Norm of Self-Interest,' in *American Psychologist*, Vol. 54, No. 12 (1999), p. 1053-1060

あとがき

エリック・ウィリアムズ／中山毅訳『資本主義と奴隷制』ちくま学芸文庫、二〇二〇年
David Graeber, David Wengrow, *The Dawn of Everything: A New History of Humanity*, Farrar Straus & Giroux, 2021
ブロニスラフ・マリノフスキー／増田義郎訳『西太平洋の遠洋航海者――メラネシアのニュー・ギニア諸島における、住民たちの事業と冒険の報告』講談社学術文庫、二〇一〇年（原著一九二二年）

ちくま新書
1637

ホモ・エコノミクス
──「利己的人間」の思想史

二〇二二年三月一〇日　第一刷発行

著者　重田園江（おもだ・そのえ）

発行者　喜入冬子

発行所　株式会社 筑摩書房
東京都台東区蔵前二-五-三　郵便番号一一一-八七五五
電話番号〇三-五六八七-二六〇一（代表）

装幀者　間村俊一

印刷・製本　株式会社 精興社

ISBN978-4-480-07464-5 C0210

922 ミシェル・フーコー ――近代を裏から読む　重田園江
社会の隅々にまで浸透した「権力」の成り立ちを問い、常識的なものの見方に根底から揺さぶりをかけるフーコー。その思想の魅力と強靭さをとらえる革命的入門書！

1039 社会契約論 ――ホッブズ、ヒューム、ルソー、ロールズ　重田園江
この社会の起源には何があったのか。ホッブズ、ヒューム、ルソー、ロールズの議論を精密かつ大胆に読みなおし、近代の中心的思想を今に蘇らせる清冽な入門書！

008 ニーチェ入門　竹田青嗣
新たな価値をつかみなおすために、今こそ読まれるべき思想家ニーチェ。現代の我々をも震撼させる哲人の核心に大胆果敢に迫り、明快に説く刺激的な入門書。

967 功利主義入門 ――はじめての倫理学　児玉聡
「よりよい生き方のために常識やルールをきちんと考えなおす」技術としての倫理学において「功利主義」は最有力のツールである。自分で考える人のための入門書。

1060 哲学入門　戸田山和久
言葉の意味とは何か。私たちは自由意志をもつのか。人生に意味はあるか……こうした哲学の中心問題を科学が明らかにした世界像の中で考え抜く、常識破りの入門書。

1119 近代政治哲学 ――自然・主権・行政　國分功一郎
今日の政治体制は、近代政治哲学が構想したものだ。ならば、その基本概念を検討することで、いまの民主主義体制が抱える欠点も把握できるはず！　渾身の書き下し。

1165 プラグマティズム入門　伊藤邦武
これからの世界を動かす思想として、いま最も注目されるプラグマティズム。アメリカにおけるその誕生から最新の研究動向まで、全貌を明らかにする入門書決定版。